B"H

RABÍ MEIR BAAL HANES.

EL SANTO JUDÍO HACEDOR DE MILAGROS

LUNA KEREN TETNER.

B"H
RABÍ MEIR BAAL HANES.
EL SANTO JUDÍO HACEDOR DE MILAGROS

Escrito por Luna Keren Tetner
Copyright® 2015
Segunda edición
3ra Edición Junio 2023
ISBN-13: 978-1545127254

ISBN-10: 1545127255

Rabí Dostai bar Yanai citaba a Rabí Meir, diciendo: Aquel que olvida algo aprendido de la Torá, es como si pusiera su vida en peligro, ya que está dicho: Cuídate y guarda bien tu alma, para que no olvides todo aquello que tus ojos han visto. Aunque sea el estudio muy difícil para ti, apréndelo y que no se aparte de tu corazón, durante toda la vida. Nadie se pone en peligro, mientras mantiene las palabras de Di-s en su corazón. Pirkei Avot 3:10

Rabí Meir Baal Hanes

B"H

Dedicatoria

-Con mucho agradecimiento a Di-s el todopoderoso, por haberme dado la oportunidad de publicar este libro, quisiera dedicar esta nueva edición a mi querida madre Maru Bentolila de Tetner Z'L (Merima Maru bat Luna ve Mordejai) quien, gracias a sus fuertes tradiciones y costumbres sefardíes, supo transmitirnos este amor y fe a los Tzadikim de Israel, especialmente a Rabí Meir Baal Hanes, quien siempre estaba en sus pensamientos y a quien siempre llamaba cuando necesitaba.

Rabí Meir nunca le fallo.

La bondad y generosidad de mi querida madre se ha manifestado a lo largo de su vida, inspirándonos a continuar por el camino de Jesed y Maasim Tobim, contribuyendo así con el estudio de Torá en Eretz Israel.

-También lo dedico, Leluy Nishmat, para la elevación de las almas de Bernardo Tetner Z'L (Dov ben Shmuel ve Sheindel) y David Tetner Z'L (David ben Dov ve Merima Maru)

ZEJUTAM TAGUEN ALENU, QUE SUS ALMAS ESTÉN EN GAN EDEN Y SUS MÉRITOS NOS PROTEJAN. AMEN.

B'H

-El motivo de esta nueva edición, es básicamente ampliar los nuevos conocimientos adquiridos desde la publicación del libro. Constantemente hay nuevas revelaciones o descubrimientos "Jidushim". Cada vez nuestros rabinos y estudiantes de Torá profundizan en las enseñanzas de Rabí Meir y en su enigmático personaje. Con el aporte de cada uno de ellos, se va construyendo un nuevo sendero que nos conduce a conocer más al Santo Rabino y entender el porqué de sus constantes milagros y la especifica misión que le fue asignada en este mundo físico.

-Ellos me dieron luz para seguir descubriendo mas secretos que definitivamente ameritaban una nueva edición.

-La tierra de Israel, uno de los lugares más deseados por toda la humanidad a lo largo de la historia. Habitada por los Cananitas, Di-s se la promete a los judíos. Luego de conquistarla con Joshua y la ayuda Divina, el pueblo es dirigido por jueces, luego por profetas y por reyes. Los principales reinados fueron el de David (donde se completó el proceso de conquista) y el de su hijo Salomón (con la inauguración el Primer Templo). La Tierra es conquistada por Filistinos, Egipcios,

Persas, Griegos (periodo Helenístico), reconquistada por los judíos macabeos (periodo Hasmoneo), Romanos, Bizantinos (los mismos Romanos cristianizados) los árabes (numerosos grupos en diferentes oportunidades) Umiyad, Abasid, Fatimid, Seljuq, otra vez los Fatimid, las Cruzadas, regresan los árabes con los Mamelucos, los Mongoles, Napoleón Bonaparte (aunque falla), los Otomanos, los Británicos y finalmente los judíos estableciendo el Estado de Israel.

-Cuando el pueblo salió al exilio, fue dirigido por grandes Tzadikim (santos, rabinos) que mantenían la fe del pueblo en alto y lo protegían con sus rezos y buenas acciones. Estos santos no eran personas común y corriente, eran representantes de Di-s que fueron enviados para evitar que el barco se hunda y el pueblo sea dirigido mientras que, en la larga y peligrosa odisea, lograsen volver a su casa ancestral. Estos santos también fueron enviados a Israel, para guiar a los judíos que nunca salieron de la Tierra.

La lista de santos es interminable. En el libro "El Nombre de los Santos" del Rabi Najman, podemos leer esta lista.

Uno de los más grande de la época seguida a la destrucción del Templo, fue Rabi Meir Baal Hanes.

Rabi Meir

-Uno de los lugares santos más visitados en Israel, es la tumba del Tanaíta Rabí Meir Baal Hanes, la cual se encuentra localizada en la Ciudad de Tiberias, en el lado derecho del camino que va de Zemah, opuesto a las aguas minerales calientes de Tiberias. El Rabino Meir junto con otros Tanaitas de su época disfrutaban mucho de estas saludables aguas minerales. Hoy día es un parque nacional y cualquiera puede tener acceso a ellas, por cierto, que justamente esta es la única fuente de aguas subterráneas que nunca se cerró después del diluvio que reseteo el mundo.

Este santo Rabino, del que no conocemos el nombre de sus padres ni el lugar y fecha de nacimiento y del que tantas veces escuchamos y leemos, del que en muchas ocasiones damos tzedaká (caridad) en su nombre y leemos plegarias que piden, que sean escuchadas por el mérito de él, recibió el honor de llamarse "RABÍ MEIR BAAL HANES, EL HACEDOR DE MILAGROS".

- ¿Quién fue realmente Rabí Meir Baal Hanes? Rabí Meir fue el más grande de los Tanaitas de la tercera generación (139-163), entre los más importantes de los alumnos de Rabí Akiva. Rabí Meir tuvo un papel importante en la recopilación de la Mishna quien juntamente con otros sabios de la época, tales como Rabí Shimón Ben Gamliel y su hijo Yehuda El Príncipe (Yehuda HaNasí), entre otros, las colocaron en seis volúmenes.

La Mishna es el código jurídico, es la base de la ley judía oral o rabínica y forma parte del Talmud que, conjuntamente con la Torá o ley escrita, conforman la halajá o ley judía.

Rabí Meir fue uno de los grandes sabios judíos durante la época posterior a la destrucción del Segundo Templo y era célebre por su excepcional memoria.

Escribió libros y explicaciones de las Sagradas Escrituras y trabajó para recuperar el liderazgo judío en Galilea tras la fracasada rebelión de Bar Kojba quien lidero la lucha judía contra el Imperio Romano.

Rabí Meir era un escriba. Escribía "Rollos de Torá y "Meguilot", se destacó en su trabajo, especializándose en la caligrafía, para lo cual él mismo preparaba su propia tinta.

-Conocía las sagradas escrituras de memoria y en una ocasión, a falta de texto, escribió el rollo de Esther de memoria (Meguilá 18:2) y no una, sino dos veces seguidas.

-En realidad, se desconoce el origen y lugar de nacimiento de Rabí Meir y algunos dudan de si Meir era realmente su nombre. Se cree, que su verdadero nombre, fue Nehorai y hay quien dice que fue Mesha, sin embargo, fue llamado MEIR, que significa iluminador, por cuanto él iluminó a nuestros sabios con sus conocimientos de Halajá (leyes) y al pueblo de Israel con su luz santa y bendita.

-Rabí Meir fue uno de los mejores discípulos de Rabí Akiva, luego de la epidemia, que acabó con la vida de 24,000 estudiantes de su maestro.

Rabí Akiva ben Joseph, era a su vez, un personaje muy especial. Durante sus primeros 40 años de vida, fue un hombre sin cultura, sin religión, sin riquezas, sin ancestros pudientes o prestigiosos. Trabajó como pastor en los campos de un millonario muy famoso y de altos conocimientos de Torá, de la Ciudad de Jerusalem, llamado Ben Kalba Savua. La hija de Ben Kalba Savua, Rajel, observaba a través de su ventana a Rabí Akiva y se enamoró de él, por su humildad, sus midots (buenos atributos) y por detectar en él, grandes potenciales. Rajel contrajo matrimonio con Rabí Akiva, en contra de la voluntad de su padre, quien la desheredo ocasionando que la pareja se mude a una casita de paja, viviendo en un máximo nivel de pobreza. Para consolarlos, Hashem mandó al profeta Eliyahu Hanavi disfrazado de un hombre muy pobre, quien se les acercó a pedirle un poco de paja como caridad, por cuanto su esposa, (la supuesta esposa de Eliyahu Hanavi) acababa de dar a luz y no tenían paja en su hogar a donde colocar al niño. Inmediatamente la pareja dijo, "de verdad que no hay que quejarse, hay peores que nosotros". Cuando amanecía, Rajel tenía la paja enrollada en su hermosa cabellera y Rabí Akiva se la quitaba y le decía, cuando sea rico, te comprare una corona de oro especial, la "Yerushalaim shel Zahav". La santa Rajel mandó a su esposo a estudiar Torá, según el convenio que hicieron antes de contraer matrimonio, pero Rabí Akiva no quería mucho ir por cuanto él era un Am Ha Aretz (ignorante en conocimientos de Torá) y no entendía nada, pero un día, se detuvo a observar una roca que tenía un hueco, ocasionado por una gota de agua, que caía constantemente sobre ella, así que se dijo a sí mismo, si una gota de agua, logra hacer un hueco en una roca, yo insistiré e insistiré hasta que me entre la Torá y pueda cumplir con la promesa, que le hice a Rajel, antes de casarme. Así fue, como se marchó a estudiar Torá con su hijo, quienes comenzaron desde el principio, el abecedario, "el Alef-Bet". Cuando adquirió un mayor nivel, siguió sus estudios bajo la tutela de tres cabalistas: Rabí Elazar, Rabí Yehoshua, y el sabio Najum de Gamzu. Rabí Akiva ascendió los peldaños de la escalera espiritual, nivel por nivel, y gradualmente sobrepasó a sus maestros, llegando a ser el más destacado cabalista de su generación.

-Una vez que aprendió de sus mentores todo lo que pudo, Rabí Akiva estableció su propio seminario. Su sabiduría se propagó de boca en boca, y 24,000 estudiantes de todo el país vinieron a aprender de él.

Rabí Akiva se fue por 12 años para concentrarse en sus estudios y luego por otros 12, convirtiéndose en el Rabino más grande de la época. Posteriormente una epidemia mató a sus 12.000 pares de estudiantes, algunos sabios explican que estos estudiantes eran el gilgul (reencarnación) de los 24.000 miembros del pueblo de Shejem que los hermanos Levi y Shimón mataron para vengar el honor de su hermana Dina, cuyos detalles serán ampliados más adelante. Por cuanto el mundo quedó desolado sin esos 24.000 estudiantes de Torá, Rabí Akiva, inmediatamente marchó al centro del país, y preparó a cinco nuevos estudiantes y ellos fueron Rabí Shimón Bar Yojai, Rabí Eleazar Ben Shamúa, Rabí Yehuda bar Ilai, Rabí Yosi ben Jalafta y Rabí Meir Baal Hanes.

-En su juventud Rabí Meir se destacó como un estudioso de la Torá, pero debido a la nitidez abrumadora de Rabí Akiva, fue incapaz de comprender sus enseñanzas. Rabí Meir se vio obligado a estudiar temporalmente bajo las enseñanzas de otros maestros como Rabí Ishmael y Rabí Elisha. Una vez que había dominado en su totalidad las enseñanzas de la Guemará de estos maestros, Rabí Meir regresó a Rabí Akiva para estudiar la lógica y el razonamiento de la Torá. Rabí Akiva respetaba mucho a su alumno e incluso lo sentó en frente de Rabí Shimón bar Yojai en la casa de estudios. Fue durante el tiempo de la persecución romana, que Rabí Meir relató cómo tenían que susurrar el Shemá, debido a que un guardia romano colocado en la entrada del Beit Midrash (casa de estudios y rezos) los vigilaba constantemente.

Rabí Meir vivió tiempos turbulentos, los romanos perseguían a nuestros grandes sabios para matarlos. Después de la rebelión de Bar Kojba, los Romanos prohibieron al Sanedrín, el estudio de la Torá y su observancia. A manera informativa, El Sanedrín era una asamblea o consejo de sabios estructurado de 23 jueces en cada ciudad judía. A su vez, el Gran Sanedrín, era la asamblea o corte suprema de 71 miembros del pueblo de Israel, compuesto del sumo sacerdote y 70 hombres prominentes de la nación.

-Entre las costumbres que prohibieron se encontraba la decisión respecto a la fijación del año y de los meses, o sea, la compaginación del calendario anual. Esto es sumamente grave para el judaísmo, porque sin calendario judío, no hay forma de observar las fiestas judías. Debido a la persecución por parte de los romanos y la amenaza de matar al que ordene nuevos Rabinos y destruir esa ciudad, no quedaban ya Rabinos en las ciudades de Israel, entonces Rabí Yehuda ben Bava ordenó como Rabinos, a estos cinco estudiantes de Rabí Akiva, en un lugar ubicado justo entre dos ciudades, en un paso estrecho entre dos montañas, entre Usha y Shefaram, por si acaso los romanos los descubrieran, no sabrían a cuál ciudad destruir. Luego, por seguridad, Rabí Meir y sus colegas, fueron enviados al Asia Menor, para poder implantar el calendario judío (Meguilá 18:2). Gran pesar causó en Rabí Meir abandonar temporalmente la Tierra Santa.

-Más tarde, sin embargo, cuando Antonio Pío subió al trono romano y puso fin a la opresión, Rabí Meir volvió a Eretz Israel, quien asombró a sus colegas con su aprendizaje. Se ha dicho de Rabí Meir que "el que lo vio estudiando la sagrada Torá, tuvo la impresión de que estaba rompiendo montañas y moliéndolas como polvo." Esto significa que el desmenuzaba la ley en sus más intimas partes y la podía explicar en numerosas formas tan profundas, que muy pocos lograban entender su significado.

Su colega, el Rabino Yosef, dijo sobre él: "Es un gran personaje, un hombre santo y humilde." Rabí Meir tenía una hermosa caligrafía. Gracias a la labor de escriba, obtuvo tres ducados a la semana. Un ducado lo usaba para sostenerse a sí mismo y a su familia; otro lo utilizaba para la ropa y con el tercero apoyaba a los pobres estudiosos de la Torá.

La esposa de Rabí Meir se llamaba Beruria. Ella era la hija del Tania Rabí Janina ben Teradión, famoso por sus conocimientos de Torá, por su gran piedad y por su gran sabiduría.

Beruria caminaba con los tefilines (filacterias) puestos y si la gente tenía dudas de la halajá, (la ley judía) le consultaban a ella.

Tuvieron tres hijos, pero dos de ellos desafortunadamente murieron. Todas las cualidades de la Torá que debería tener una persona que se ocupa de la Torá, se le adjudicaron a Rabí Meir.

-Como amaba a las personas no escatimaba esfuerzos para hacer las paces entre el hombre y su prójimo. (Guitín 52:1), todo en él era amor, no había distinciones en él, amaba tanto a los judíos como a los gentiles, tanto a personas malas como a personas buenas, porque el santo bendito sea, también ama a todas las criaturas.

-Rabí Meir, era el hijo de unos conversos que provenían del Emperador Nerón y falleció en el año 68 de la era actual, algunos calculan que vivió 105 años, pero la mayoría dicen 120 años.

-Era la época en que el Segundo Templo de Jerusalem, todavía estaba erigido y los romanos querían destruirlo. El Emperador Nerón marchaba con sus soldados para ejecutar tal misión. Tenía ciertas dudas en su corazón, por cuanto muchos trataron antes de destruirlo y Hashem no les había concedido la victoria, así que quiso buscar unas señales para saber si debía o no debía, destruir el Santo Templo. Lanzó su arco y flecha y lo disparó en las cuatro direcciones.

Increíblemente, todas las flechas cayeron apuntando Jerusalem. Nerón no se convencía ni entendía por qué todas las flechas apuntaban a Jerusalem. Comenzó a caminar por las calles de Israel y vio a un grupo de pequeños regresar del colegio y se acercó a uno de ellos y le preguntó: Oye niño, ¿cuál fue el versículo de la Torá que aprendisteis hoy en la escuela? y este le dijo un versículo de Ezequiel 25-14 que decía: "Me vengaré de Edom, a través del pueblo judío". Nerón se aterró y se dijo así mismo: Di-s quiere destruir su casa y me está usando para hacerlo y después que lo haga, se vengará en mí, entonces huyó por su vida a un lugar desconocido y permaneció escondido por un tiempo y luego de pensar y pensar sobre todos los hechos, tomó la decisión de convertirse al judaísmo. En realidad no sabemos si el mismo Nerón se convirtió o su hija, en todo caso, Di-s dijo: ¡por cuanto tu no quisiste destruir la luz de las naciones (que es el Templo) serás recompensado con un descendiente que será la luz de las naciones! y fue asi que su nieto fue Rabi Meir Baal Hanes.

-Uno de sus compañeros de estudios y maestro, fue el Rabino Elisha ben Abuya, quien inesperadamente se volvió un ateo. Este Rabino, fue una de las cuatro personas que entraron (literalmente) al paraíso, al Pardes, para observar lo que se encontraba ahí. Ellos fueron Rabí Akiva, Rabí Elisha Ben Abuya, Rabí Azzai y Rabí Ben Zoma. Luego de esta visita espiritual al paraíso, Ben Azzai murió, Ben Zoma enloqueció, "Ajer" (que es Elisha) destrozó las plantas y se volvió herético y Rabí Akiva, salió ileso, entró en paz y salió en paz. (Más adelante, en el capítulo sobre Elisha, será explicado detalladamente el significado de la expresión "rompió las plantas").

Rabí Meir no consiguió regresar a Teshuvá, arrepentimiento, a su maestro Elisha ben Abuya, a pesar de esto, trató de seguir estudiando con él para hacerlo retornar. Por cuanto Elisha se volvió un herético, los Tanaitas excluyeron su nombre de los textos sagrados y al mencionar sus enseñanzas lo denominaban "El Otro (Ajer)".

Generaciones posteriores se cuestionaron porque el Rabino Meir continuó estudiando con Elisha, incluso después de que este se alejara de Di-s y la respuesta fue que, dado que Rabí Meir era tan grande, que, al mismo tiempo que trataba de hacerle regresar en teshuvá, tuvo la capacidad de tomar para sí, sólo lo bueno y rechazar lo malo, como quien come dátiles, que bota la semilla y se queda con lo dulce de la fruta. Sin duda que este incidente, le causó muchos problemas en su vida y también en Shamaim (en el cielo), pero al final, todo se arregló en su justo momento. Aparte de los dos hijos que fallecieron a temprana edad, Rabí Meir tenía una hija, que se casó con un gran estudioso de la Torá. Su nombre era Zvusoy.

-Tras la muerte del emperador Adriano, Rabí Meir regresó a Eretz Israel y fue nombrado Jajam (sabio), igual calificativo que poseía Rabí Shimon Ben Gamliel, quien era el presidente del Sanedrín.
También se nombró como Vicepresidente del Sanedrín al Rabino Natán de Babel.
Seguidamente hubo una convención de sabios en Ushea, Galilea, y Rabí Meir junto con Rabí Natan participaron en ella. En esa convención, hubo una fuerte disputa entre todos ellos, quienes ostentaban títulos similares. Rabí Shimón Ben Gamliel, impuso una regla de que cuando el presidente de la asamblea (el mismo) entrará, todos los presentes, deberían levantarse, cuando el vicepresidente entrara, solo dos filas debían levantarse y cuando el sabio (jajam) entrara, solo una fila debía levantarse, para distinguir así los diferentes rangos. Rabí Shimón Ben Gamliel, tomó esta decisión sin consultar con Rabí Meir y Rabí Natán, a sabiendas que estos eran mayores sabios en conocimientos de Torá. Esto causó que estos

últimos planearon en contra de él y decidieron que, al día siguiente, le iban a hacer ciertas consultas, durante las sesiones del Sanedrín, sobre las leyes de los Kelim (vasijas), asunto este, que el Rabino Gamliel tenía pocos conocimientos y de esta forma, se vería obligado a rescindir de esa titularidad. Casualmente el Rabino Yaakov ben Kadshi, escuchó los planes y alertó a Rabí Gamliel, quedando ambos toda la noche despiertos estudiando este tema. Al día siguiente, cuando fue interrogado, supo contestar todas las preguntas. En esa oportunidad Hashem protegió el honor del Rabino Gamliel, quien no solo era el presidente del Sanedrín, sino un descendiente directo del Rey David y de Hilel el anciano. Rabí Shimón Ben Gamliel hirió fuertemente el honor de Rabí Natán y de Rabí Meir y los expulsó del Sanedrín. Desde ese momento en adelante, todas las consultas halájicas (de las leyes judías), que el Sanedrín no sabía contestar, se las enviaban por escrito a estos dos gigantes de Torá, quienes igualmente contestaban por escrito. Como consecuencia de ese enfrentamiento, Rabí Meir, quien había sido obligado a dejar el Sanedrín, se instaló en la Galilea, donde tenía su propia sinagoga y casa de estudios e impartía lecturas públicas todos los viernes en la noche. Rabí Yosi no aguantó más y se quejó ante los miembros del Sanedrín, diciendo, que no era posible que ellos estén adentro, cuando la Torá se encontraba afuera. Rabí Shimón Ben Gamliel aceptó que regresaran, pero con la condición de que sus nombres no sean mencionados en el Beit Midrash y se le quitaran los títulos y cualquier mención en los libros de la Mishna o Guemará sobre temas explicados por ellos, deben de omitirse el nombre de ellos, de modo que cualquier enseñanza de Rabí Natán, se mencionaba como: "Yas Omrim (algunos dicen)" y si proviniera de Rabí Meir deberían referirse como "Ajerim Omrim" (y otros dicen)". Rabí Natán se disculpó con Rabí Gamliel, pero Rabí Meir no quiso hacerlo, aun cuando fue instruido por el cielo de hacerlo a través de sus sueños. Así pues, tenemos la explicación de por qué, el nombre de Rabí Meir, casi no aparece en la Guemará, aun cuando la mayoría de las enseñanzas provienen de él.

Esto es extremadamente importante y es uno de los nuevos Jidushim (novedades de Torá) que se incorporo a esta nueva edición.

-Para ello nos vamos a remontar a la época de Yaakov Avinu (el tercer patriarca de Israel). Yaakov tenía que regresar a la Tierra de Israel y enfrentarse a su hermano Esav, quien lo esperaba desde hace 20 años para matarlo. Esa noche tuvo un enfrentamiento con el ángel de su hermano Esav a quien venció y este le cambio el nombre de Yaakov a Israel.

Al día siguiente Yaakov reza antes del enfrentamiento pidiendo al Todopoderoso que le prevenga de matar a su hermano y a otros. ¡Vayaara Yaakov meot...! *Temió Yaakov* aparece escrito dos veces. El primer temor es por su hermano y el segundo es "por otros" "*AJERIM*". Ajerim es como llamaban a Rabí Meir, por el incidente mencionado y por qué parte de sus enseñanzas provenían de Elisha Ben Abuya (que había abandonado la religión) entonces cuando esas enseñanzas se escribieron en los libros (Mishna y Talmud) no quisieron escribir el origen, su fuente y pusieron "Y otros dicen".

-Yaakov temió que si mataba a su hermano entonces: Rabi Meir Baal Hanes, no llegaría a nacer, ya que la raíz espiritual de Rabí Meir, quien venia de Nerón, era de Esav y esta raíz espiritual, es precisamente la misión principal del Tzadik en este mundo. Esto será explicado con mas detalle.

-En Pirkei Avot, capítulo 3, Mishna 10, se nos introduce formalmente a Rabí Meir, cuando Rabí Dostai presenta una cuota que aprendió de Rabí Meir y en el capítulo 4, Mishna 12, es cuando se agrega una Mishna que directamente proviene de Rabí Meir.

-Está escrito en la Guemará, Tratado Sanedrín (86 a) que en general, cualquier Mishna que no esté vinculada a un Rabino específico, pertenece a Rabí Meir.

-El final de la esposa de Rabí Meir, Beruria, fue muy trágico. Ella era una mujer extremadamente inteligente y sabia en Torá. Una de las pocas mujeres cuyo nombre aparece mencionado en la Guemará. Ella escribió un libro en donde prácticamente se burlaba de los sabios que decían que todas las mujeres eran débiles, agregando el siguiente texto "Excepto por Beruria". Rabí Meir le advirtió que quien se burla de los sabios, será examinado por los cielos con esa misma prueba, para que tenga que admitir que la palabra de los sabios es la correcta. El mismo fue, quien, sin proponérselo, la puso a prueba y mandó a uno de sus alumnos a seducir a su mujer. Esta se mantuvo muy fuerte, pero luego de tanta insistencia, ella aparentemente cedió y en el momento de cometer el pecado, el alumno se cambió por su esposo. Cuando Beruria se dio cuenta de la situación, se estranguló. Esta horrible historia tiene varias versiones, aparte de una explicación cabalista, sin embargo, hay quien opina, que, es imposible hacer comentarios sobre la exactitud de esta historia, por cuanto es factible que fue inventada, como un intento de desacreditar a Beruria. Algunos estudiosos creen que la trágica historia de su muerte refleja un malestar general con la idea de que una mujer sea tan aprendida como los sabios rabínicos.

-En todo caso y luego del fallecimiento de su esposa, Rabí Meir deja nuevamente la Tierra de Israel y se estableció en Irak, siendo este su segundo exilio. Rabí Meir contrajo nuevas nupcias matrimoniales con la hermana de Rabí Yoshua ben Ziruv.

-Rabí Meir fue admirado por todos. Todas las esferas de las sociedades de su época y las siguientes, lo respetaban y admiraban.

Cuando su compañero Rabí Yosi Ben Jalafta lo introducía para dar una lectura, se refería a él como: un hombre modesto, un gran santo, un gran hombre. Resh Lakish le llamaba: La boca Santa. Se lo equipara a Hilel, a Ezra y a Rabí Yojanan ben Zakai. Sin embargo y a pesar de su grandeza, no logró que la ley fuese fijada de acuerdo a su punto de vista, según Rabí Aja Bar Janina, no hubo en toda la generación uno tan sabio como él, sin embargo, era tan grande, que sus compañeros no pudieron precisar sus ideas, él podía probar sobre algo puro, que era impuro por medio de 150 argumentos (Eruvin 13:2). Su nivel de estudio de Torá era muy alto, él decía que la Torá educa a la persona, refina su espíritu y da forma a su manera y a su comportamiento. El que estudia Torá, merece muchas cosas buenas y justifica la creación de todo el universo por esa persona. Es llamado amigo, amado, ama a Di-s y ama a todas las criaturas, es revestido de humildad y reverencia, lo prepara para ser justo, piadoso, recto y fiel, lo aleja del pecado y es acercado al mérito, es posible recibir de él, consejo, criterio, intuición y fortaleza, pues fue dicho: "Mío es el consejo y el criterio, intuición soy, mía es la fortaleza". (Mishlé 8:14). Le es otorgado el reinado, el dominio y el escrutinio de la Torá, le son revelados secretos de la Torá, se hace como un manantial que fluye sin cesar y como un río, que no aminora su curso, tiene recato y paciencia, perdona las ofensas y lo engrandece y se eleva por sobre todas sus hechuras".

-Como el ocuparse de la Torá es lo más importante, Rabí Meir nos apremia a estudiar, y nos previene de no desatender el estudio: - "Sé parco en ocupaciones mundanas y dedícate a la Torá, sé humilde ante todas las personas. Si desatiendes la Torá, tendrás muchos obstáculos opuestos a ti; pero si te ocupas de la Torá, hay una gran recompensa para serte otorgada". (Pirkei-Avot 4:10)

No sólo estudiar Torá debe la persona, sino también enseñarla a otro y el que estudia Torá y no la enseña es considerado: "Que desprecia el verbo de Hashem" (Sanedrín 99:1).

-Cuán odiada es la ignorancia, porque si no hay Torá, no hay educación y respeto, y los ignorantes actúan groseramente, sin pena y vergüenza. Por eso, todo el que casa a su hija con un ignorante, (en conocimientos de Torá), es como si la atase y la coloca frente a un león (Pesajim 49:2). ¡Cuánta sabiduría!

-Junto a su gran amor por el estudio de la Torá, nos aconseja no dejar el trabajo a un lado, y así nos lo enseña en el Tratado de Kidushin 82: a "debemos enseñar a nuestro hijo un oficio digno y luego rogar a Hashem, que posee las riquezas, que se las conceda, pues todos los oficios pueden conseguir que el obrero siga siendo pobre o bien que se enriquezca; ni la pobreza ni la riqueza dependen del oficio, todo depende del mérito del obrero" ...

-Al igual que Rabí Akiva, su maestro, recibía todo evento, por malo que sea, con amor solía decir: "Todo lo que hace el misericordioso es para bien" (Berajot 60:2).

-Rabí Meir dijo: **"Estudia con todo el corazón y con toda el alma, para conocer mis caminos y estar atento a las puertas de la Torá. Guarda mi Torá en tu corazón, y que mi temor esté ante tus ojos. Aparta tu boca del pecado, purifícate y santifícate de tus culpas y de las violaciones y estaré contigo en todas partes". (Berajot 17:1). En este pensamiento, hablando en nombre de Hashem, nos transmite Rabí Meir un modelo de conducta para cada hijo de la nación hebrea.** Estas palabras son impresionantes y tiene mucho que ver con las novedades de Torá que traeremos a continuación, porque podemos percatarnos que Rabí Meir está hablando como si fuera Di-s, en primera persona, quizás como si fuera un ángel o un profeta, pero no es la forma normal de hablar de un rabino. Esto tiene un significado muy importante que se debe de prestar atención.

-Siempre embellecía sus sermones con fábulas, hizo al menos 300 de ellas, todas diferentes y con diversos animales, pero que lamentablemente no se registraron y pasaron al olvido con su muerte (Guemará Sota), sólo conservamos tres de ellas hoy día y una de las cuales les será narrada en la sección de historias.

-Escribió, gracias a su habilidad de escriba, rollos de Torá, los cuales se sabía de memoria, copiaba libros de otros autores, también de memoria, pero agregándoles sus propios comentarios, al final de las páginas.

-Rabí Meir fue un personaje enigmático, algunos incluso creen que su tumba está localizada en la ciudad de Hila, Iraq, donde falleció, otros dicen que su tumba se encuentra localizada Gush Halav, (4 km al norte de Merón) donde vivió otro gran Tzadik de origen francés y cuyo nombre fue Rabí Meir Katzin, al quien por años lo llamaban también Rabí Meir Baal Hanes.

Investigaciones hechas posteriormente relataron que el Rabí Meir que se encuentra en Gush Halav, no es el Tanaíta Rabí Meir, sino uno de los Tosfot que emigró a Israel en 1211, junto con otros 300 Rabinos provenientes de Francia. Se desconoce qué milagros hacía este Rabino Meir Katzin, para que lo hayan apodado también como hacedor de milagros, pero algunas personas hoy día relatan que, tras visitar su tumba, observaron salvación.

-El Santo Rabí Itzjak Luria "El Arizal" fue quien confirmó que, si es en ese lugar de Tiberias, que conocemos hoy día, donde está enterrado Rabí Meir Baal Hanes y además se encuentra parado.

Cuando Rabí Meir Baal Hanes, el Tanaíta fallecía en aquel lugar de Asia Menor, presumiblemente Irak, sus seguidores, obedecieron su último deseo de colocar su cuerpo en una caja y dejar que las olas del mar lo trasladaron a las costas de Israel y así sucedió. Semejantes milagros les han ocurrido a otros sabios de nuestro pueblo, uno de ellos le ocurrió al Rabino Moisés Ben Maimón (Maimónides), "El Rambam", quien falleció en Egipto y su cuerpo fue transportado a Eretz Israel, con una caravana de seguidores, montado en un camello a través del desierto del Sinaí.

Inesperadamente el camello que transportaba su cuerpo desapareció de la vista de la caravana. Sin embargo y para sorpresa de todos, este llegó a la Tierra Santa antes que los demás. Maimónides se halla igualmente enterrado en la ciudad Santa de Tiberias.

-Rabí Meir hizo infinidad de milagros durante su larga vida y más aún después de su fallecimiento.

Dice la Guemará, que el Tzadik (el justo) es más grande desde el día de su muerte.

-El título de hacedor de milagros, dueño de los milagros o señor de los milagros le fue adjudicado, según la tradición, por su inmenso amor por el pueblo judío y por Eretz Israel.

El proclamaba: "Todas clases de plantas crecen en Eretz Israel y no falta nada en la Tierra" (Berajot 36:2). "Hasta las piedras de Eretz Israel, todas son santas" (Kidushin 54:1). Un gran mérito es habitar en Eretz Israel, grande fue su pena cuando tuvo que emigrar a Asia. Decía también que todo aquel que habita en Eretz Israel, la tierra expía sus pecados (Sifri Haazinu).

El cabalista Rabí Jacob Shealtiel Ninio hizo la siguiente pregunta: ¿Por qué el Santo Tanaíta Rabí Meir mereció hacer tantos milagros y por qué tantas donaciones se hacen diariamente en su mérito? Fue debido, entre otras cosas, a su inmenso amor por la Tierra de Israel, jamás dijo tan solo una palabra mala sobre la Tierra, toda su vida se dedicó a hablar favorablemente de ella (Hashem ama a aquellos que aman su Tierra) y, además, por su inmensurable amor al pueblo judío, él decía que a pesar de que el pueblo judío no cumplió a cabalidad con la voluntad divina, igual seguimos siendo sus hijos y eso lo ameritó, a hacer grandes milagros.

De ahí aprendemos de que es completamente prohibido hablar mal de los judíos o de la Tierra de Israel, no es permitido quejarse del clima, pobreza, peligro, etc., ningún problema que uno crea, que aqueja a la Tierra Santa, se nos está permitido quejarnos. Como decía Rabí Meir, hasta las piedras de Israel son santas.

-Con las nuevas novedades de Torá reveladas recientemente en Israel, se hizo un profundo estudio de que milagros están conectados con Rabí Meir y profundizaremos en el milagro de los perros que dejaron de atacarlo y se alejaron. Existe una klipa (como una concha de impureza que absorbe energías y actúa como un filtro previniendo que las personas reciban la shefa, la abundancia que llega de los cielos). Esas klipot reciben diferentes nombres según su misión. La Klipa del perro viene de Esav y combatir esa klipa, es la misión principal de Rabí Meir.

-La gran mayoría de las mujeres judías que acostumbran a dar unas monedas de tzedaká, los viernes por las tardes, antes de prender las velas de Shabat, tienen una alcancía (Tzedaká box, pushka) de Rabí Meir en sus hogares. Igualmente, antes de dar a luz, algunas mujeres judías acostumbran a poner tzedaká (caridad) en el mérito del Tzadik y le piden al Di-s de Meir que las escuché. Igualmente, hay una segulá o remedio espiritual, que consiste en prender todos los días miércoles una vela para el alma de Rabí Meir Baal Hanes y pedir por la parnasa (el sustento) y otra segulá más, de prender una vela para el alma de Rabí Meir, en la séptima vela de Janucá, que coincide con Rosh Jodesh Tebet, dar tzedaká por los méritos del Tzadik y pedir al Di-s de Meir, por milagros.

-Hace quinientos años comenzaron muchos de nuestros hermanos judíos a regresar a Eretz Israel, lo cual, al principio, era un despertar religioso de hombres y mujeres que querían observar en completo la Torá y sus preceptos y hacer realidad lo que leemos en la Hagadá de Pesaj, Leshanah Haba Bi' Yerushalaim (el año que viene en Jerusalem). Pero Eretz Israel se hallaba prácticamente deshabitada, había algunos grupos de judíos en Jerusalem, Hebrón, Tiberias y Tzfat, un grupos de musulmanes también esparcidos y otros tantos de cristianos. Había muchas enfermedades que cubrían casi todas las regiones, especialmente la malaria y era difícil encontrar el sustento y muchos judíos que se encontraban habitando la Tierra Santa, sufrían de hambre.

Los grandes Rabinos – líderes de esa generación, como Rabí Yosef Caro (El autor del Shuljan Aruj) y Rabí Moshé Alshij – se dieron cuenta de la grave situación que reinaba en el país, por lo cual decidieron abrir una campaña especial dirigiéndose a los judíos de la diáspora para que, con su aporte monetario, ayudarán a sus hermanos en la Tierra de Israel. La campaña fue abierta por el "Zejut" (mérito) de Meir Baal Hanes. Aun cuando la halajá (ley judía) dicta que la obligación de cada persona es preocuparse por los pobres de su ciudad (Baba Metzia 71:1), con respecto a los pobres de Eretz Israel la ley es diferente, porque ella, "la Tierra Prometida" nos pertenece a todos por igual. De más esta decir que los no judíos también tienen un amor inmensurable por la Tierra Santa y tienen tradición, especialmente entre los evangélicos de apoyar espiritual y económicamente al retorno de los judíos a su tierra, a fin de acelerar la llegada del Mesías. Independientemente del concepto Mesiánico que cada cual tenga, es evidente que están en los cierto.

Cada judío es considerado un habitante de la Tierra ancestral y es ésa la razón por la cual aquellos que no pueden vivir por ahora en Israel, tienen la obligación de ayudar a los que si la habitan. Y así fue, como los pushkes (alcancías) de Tzedaká pro-Israel comenzaron a encontrarse en cada hogar judío de la diáspora y los Rabinos advirtieron no cambiar esta ordenanza (Jatam Sofer 6ª parte, Cap.27).

-El Rav Jaim Palagi de Esmirna escribió sobre la importancia de estas alcancías en 1842.

"En nuestra ciudad de Esmirna la gente hace muchos votos a ese lugar santo de Tiberias para (y en el nombre de Rabí Meir Baal Hanes) poder cumplir con la *mitzvá* de enviar dinero allí". "Es ciertamente un concepto grande y elevado, en primer lugar, debido a la mención del santo nombre del *tana* Rabí Meir Baal Hanes, ya que es probado y comprobado en todo el mundo, especialmente por los comerciantes que aseguran sus negocios a través de este voto y también los viajeros tanto por mar o por los desiertos, todos ellos ven las obras de Hashem cuando invocan a Rabí Meir, enseguida son contestados.

El shu"t Lev Haim *cito* opiniones de que el dinero de estas cajas debe de ir a Tiberias, donde Rabí Meir está enterrado, ya que este era el *minhag (costumbre) original,* y esta era la práctica común en el Medio Oriente y el norte de África. Para superar la ventaja de Tiberias, los judíos de Tzfat fundaron su propia caja que lleva el nombre de Rabí Shimon bar Yojai, mientras que la kehila (comunidad) de Yerushalayim comenzó a distribuir cajas con el nombre de Shimon Ha tzadik o Rajel Imenu. A veces los judíos de Tiberias compartían los fondos con otros. En 1883 se dispuso que los judíos de Maknes, Marruecos debían dividir el dinero que donaron a la caja en 28 partes. De estos, Yerushalayim recibió 11 partes, Hebrón 6, Tzfat 7 y Tiberias 4. En Europa, sin embargo, el dinero de Rabí Meir no fue dado específicamente a Tiberias sino a los judíos asquenazíes que vivían en cualquiera de las cuatro ciudades santas de Eretz Israel (Tiberias, Tzfat, Yerushalayim y Hebrón). En todo caso los méritos del Tzadik ayudó literalmente a alimentar a la población por generaciones y a construirse (sembrase y construirse) varias ciudades de Tierra Santa, tal y como se detalla al final de este libro.

-Hoy en día, la morada de descanso (Kever) de Rabí Meir, se siguió dividiendo en dos partes la Askenazi y la Sefardí.
El Beit Midrash Askenazi está a cargo de la Institución Or Torá, ahí opera un Colel desde el año 1900. Fue aquí donde el Rabino Yisrael Odeser encontró el Petek en 1922. Este Petek fue una carta con un mensaje del Rabino Najman de Umán, quien la escribió más de cien años antes de ser encontrada milagrosamente en ese sitio. En el lado Sefardí está la construcción de la 'Ktones Or' que aloja la yeshivá Meir Bat Ayin primero establecida en 1867. Está actualmente controlada por la familia Weinkin.

-Junto a la tumba del Rabino Meir están las tumbas de dos de sus estudiantes, Rabí Sumches y de Rabí Shimón ben Elazar.

Cada año, decenas de miles de personas visitan la tumba del Rabino Meir especialmente en el día de su Hilulá (día de aniversario de su muerte). La fecha del fallecimiento exacto de Rabí Meir no se conoce. La Tradición sefardí local pone su Hilulá el 14 Iyar, Pesaj Sheni. Ese mismo día es también la Hilulá de su compañero Rabí Yehuda Bar Ilai. Se acostumbra a prender una vela a Rabí Meir el 14 de Iyar y el primero de Tebet.

-Rabí Meir, cuyo nombre según la Guemará (Eruvin 13ª) significa "luminaria" porque iluminaba a los sabios con sus respuestas sobre la halajá (ley) judía, quien fue un descendiente de Nerón, el general romano que intentó destruir a Jerusalem y se rectificó en su descendiente, tuvo en su alma la chispa de Baba ben Butah, quien tuvo que pasar por un incidente similar en el que deliberadamente se degrada a sí mismo con el fin de lograr la paz entre una mujer y su marido (Rabí Meir permitió que una mujer escupiera en su ojo siete veces y Baba ben Butah permitió una mujer rompiera dos velas en la cabeza, por Shalom Bait "paz entre las parejas"). Este hecho ocurrió, en su acostumbraba clase de todos los viernes de noche, había una mujer, que solía participar, viernes tras viernes, para escuchar las sabias palabras del Rabí. Una vez el Rabí tardó más de la cuenta y la señora regresó a su casa cuando las velas estaban ya apagadas. ¡No entrarás a mi casa (le dijo el esposo) hasta que vayas y escupas en la cara del Rabí!. La señora no podía escupir la cara del santo, pero tampoco podía regresar a su casa. Cuando Rabí Meir tuvo conocimiento del asunto, la mandó a llamar y le pidió que escupiera en su ojo para sacarle el "ain hará" (mal de ojo) y que lo repita siete veces consecutivas. Cuando lo hizo, le dijo el Rabí: Ve y dile a tu marido: "Tú me dijiste escupir una vez y yo lo hice siete veces". (Yerushalmi Sota 1:4). Los estudiantes de Rabí Meir se indignaron y dijeron: ¡porqué nuestro Rabino permitió algo tan humillante, ellos podían haber forzado la paz entre la pareja de otra forma y Rabí Meir contestó, acaso soy más importante que el Creador? ¡Si Él permitió borrar su santo nombre en las aguas de la sota, por Shalom Bait (paz en el hogar) yo no merezco mayores honores que Él!

-Rabí Meir tuvo que pasar su vida separando el bien del mal. Esta fue la razón por lo que tenía que estudiar la Torá de Elisha ben Abuya, por ello podría dar la misma cantidad de razones para purificarse que para contaminarse. Aparte de Elisha, sus otros grandes maestros fueron Rabí Ishmael y Rabí Akiva. Rabí Meir tenía un alma muy poderosa que protegía el mundo, tanto durante su vida y después de su muerte. Esta es también una de las razones por las que él está enterrado de pie, para simbolizar que su mérito está arraigado como un árbol, aunque en realidad, hay un gran secreto aquí que también trataremos de revelar más adelante.

Hay trescientas treinta y cinco (335) leyes en la Mishna que son citas explícitas en nombre de Rabí Meir. Además, hay una regla en el Talmud que todas las opiniones de anónima autoría en la Mishna se atribuyen al Rabí Meir.

Uno de los sabios del Talmud, el Rav Ajá Bar Janina dijo que no hay duda de que el Rabino Meir fue el mayor erudito de su generación. Sin embargo, la razón por la cual, la Halajá final no se pudo establecer de acuerdo con su opinión, fue porque él era tan brillante, que los más grandes sabios de su generación no pudieron sondear la profundidad de su gran genio y sabiduría.

Entre sus estudiantes y discípulos figuran: Sus dos estudiantes principales, los cuales, como ya se dijo, están enterrados al lado de él y ellos fueron: Rabí Sumjes y Rabí Shimon Ben Eliazar y los otros estudiantes fueron Rabí Yehuda HaNasí, Rabí Efraim Makshe, Rabí Dustoey, Rabí Yehuda Ben Shamua y su cuñado Rabí Yoshau Ben Ziruz y Rabí Yoshua Ben Peter.

Kupah Rabí Meir. Colel Polin (alcancía)

Tiberias. Lugar de Descanso de Rabí Meir, frente al Lago Kinéret.

Tumbas de Rabí Shimón ben Eliazar y Rabí
Sumches, sus estudiantes, enterrados al lado de
Rabí Meir.

Velas de aceite de oliva que prenden los visitantes a diario.

KEVER RABÍ MEIR BAAL HANES (sección para mujeres dentro del Beit Midrash Askenazi)

Tumbas de Rabí Shimón ben Eliazar y Rabí Sumches, sus estudiantes, enterrados al lado de Rabí Meir.

Velas de aceite de oliva que prenden los visitantes a diario.

KEVER RABÍ MEIR BAAL HANES (sección para mujeres dentro del Beit Midrash Askenazi)

Siyum de Rabí Meir

.

TUMBA DE RABÍ MEIR (sección interna a través del cristal)

Segulá o Remedio Espiritual para encontrar cosas perdidas, para el trabajo y para protección en general.

Aron Hakodesh en la parte del Beit Midrash Askenazi

Kipá en la estructura de Exterior de Rabí Meir

Los dos pilares en la tumba de Rabí Meir que prueban que el Tzadik está enterrado parado. Parte exterior

Historias de Milagros de Rabí Meir

Hablando con los animales.

En la entrada de la ciudad, se podía ver una casa tan grande y lujosa como un palacio. Ella pertenecía a un millonario llamado Yehuda Ha Entoci. Él vivía con su esposa e hijos. Yehuda no era muy generoso que digamos, su terror era que un pobre se acercara a su casa. Siempre le negaba hospedaje, comida o dinero a la gente pobre. Su familia, no era nada mejor.

Cierta mañana, Rabí Meir salía de la sinagoga después de su rezo matutino y se detuvo al ver, dos serpientes venenosas, hablando entre ellas. Como es sabido, los Tanaitas podían entender el idioma de los animales. Una de las serpientes le decía a la otra que iba en una misión. Hay un decreto de arriba de matar a Yehuda Ha Entoci, a su esposa e hijos, ya que estos no daban caridad a los pobres, aun cuando eran tan ricos. La serpiente continuó su camino a la casa destinada.

Rabí Meir apresuró el paso y trató de ir por un camino más corto para llegar primero, pero la serpiente llegó al mismo tiempo y cuando estuvo a punto de cruzar el último río, Rabí Meir le gritó: detente ahí, no te doy permiso de cruzar el río. La serpiente replicó que iba en una misión, pero este insistió que permaneciera más tiempo ahí.

Rabí Meir se aproximó a la casa y entró a ella a fin de pedir Tzedaká (caridad). Su objetivo era obtenerla y poder salvar a la familia, para ello cubrió su rostro ocultando así su identidad, ya que al gran Tzadik, nadie le negaría caridad.

La familia Ha Entoci, se asustó mucho al ver un hombre enmascarado dentro del hogar y comenzaron a gritar: ladrón, vete, vete. Rabí Meir, salió de la casa y se escondió en el establo donde estaban los camellos, hasta el anochecer.

Nuevamente entró en la casa en el momento justo que la familia estaba sentada en la mesa cenando, causando un gran malestar y comenzaron a pelear con el extraño y nuevamente a botarlo de la casa.

¿Acaso no entienden que tengo hambre? La familia procedió a darle comida con el objeto de que el extraño coma y se vaya de la casa inmediatamente.

Al terminar de comer, Rabí Meir tomó el pan de la mesa y se lo entregó a Yehuda y le dijo: "Entrégame este pan con tus manos como tzedaká, para el camino". Yehuda le gritó: ¡Que Juzpa! ¡Qué atrevimiento! No te basta con que ya te dimos comida, ¿también quieres que te de comida para el camino? y después de eso, ¿qué más pedirás? En esos momentos Rabí Meir apagó las velas que iluminaban el hogar y descubrió su rostro. La luz del rostro del Tzadik, brillaba más que la luz de las velas.

Cuando se percataron de que se trataba de Rabí Meir, Yehuda comenzó a llorar de vergüenza y le suplico mil veces que le perdonara. Rabí Meir le explicó el motivo de su presencia y añadió que no quedaba mucho tiempo, porque la serpiente cruzaría pronto el río y entraría a su hogar para matarlo a él y a toda su familia.

Ellos estaban temblando al escuchar todo lo que Rabí Meir les decía, quien continuó, dando las instrucciones a seguir: "Tu esposa e hijos deben abandonar el hogar inmediatamente y no volver por ningún motivo durante la noche". La serpiente apareció dos horas después y entró a la casa y estuvo a punto de morder a Yehuda, quien temblaba de miedo y gritó con todas sus fuerzas: "Hashem Sálvame" y se desmayó del susto. En esos momentos tuvo un sueño y oyó una voz muy fuerte que gritaba: ¿Cómo entrasteis aquí? ¡no te di permiso de entrar! y al despertarse se percató que era Rabí Meir quien le gritaba a la serpiente. Esta le dijo, tengo la orden de matarlos, ellos nunca dan tzedaká. ¡Eso no es cierto! Dijo Rabí Meir, a mí me dieron comida esta noche y pan para el camino.

La serpiente tuvo que irse, pero no satisfecha puesto que no había cumplido con su misión. La familia salió del hogar y pasaron la noche en un albergue lejano. Rabí Meir se quedó con Yehuda esa noche y le advirtió que oiga lo que oiga, no deberá abrir la puerta. En efecto a medianoche, una mujer gritaba y golpeaba la puerta. Era la voz de la esposa de Yehuda que le suplicaba que la dejara entrar puesto que se estaba congelando afuera. Yehuda se aproximó a la puerta, pero Rabí Meir le recordó que no debía abrir la puerta. Horas más tarde, otra voz gritaba desde afuera, pero esta vez la de su hijo mayor: "Papá, Papá, ábreme por favor, hay una fiera salvaje que quiere comerme aquí, por favor, papá, abre rápido". Nuevamente Rabí Meir le recordó de no abrir la puerta. Finalmente, tras una larga e interminable noche, amaneció y la familia regresó al hogar, tal y como habían acordado. Yehuda les preguntó, si ellos habían regresado durante la noche y ellos le respondieron, ¿cómo hacerlo? ¿acaso no teníamos instrucciones de no acercarnos acá?

Rabí Meir abrió la puerta de la casa y les pidió que se asomaran y observaran que la serpiente se mató a sí misma, mordiéndose de frustración, por cuanto no pudo cumplir con su misión.

Yehuda, quien estaba totalmente arrepentido de su actuación pasada, prometió cambiar de actitud y abrir su casa y su corazón a todos los pobres que se le acercaran de ahora en adelante.

Juzgando a la persona por su nombre.

Era viernes por la tarde, Rabí Meir, Rabí Yosi y Rabí Yehuda, regresaban a sus hogares, casi a la puesta del sol. Por más que se apresuraron, se dieron cuenta que no iban a lograr llegar a casa antes de Shabat y comenzaron a buscar rápidamente un lugar a donde poder pernoctar. Encontraron una taberna y se alegraron muchísimo diciendo: que bueno, aquí podremos pernoctar y también hacer Shabat.

El dueño de la posada se llamaba Kidor, cuyo nombre asustó a Rabí Meir, por cuanto lo conectó con un pasaje bíblico que dice: "KI DOR TAPUJOS JEM" que significa, que esta es la generación que constantemente, cambia de opinión. Rabí Meir juzgaba a la persona por su nombre, puesto que él decía que el nombre de la persona contiene la esencia del mismo. Sin embargo, Rabí Yosi y Rabí

Yehuda, no desconfiaron de él y hasta le encomendaron su billetera como depósito, con el dinero adentro, para que se las cuidara durante Shabat. Rabí Meir por su parte, lo escondió en una vasija, la cual enterró en la parte trasera de la casa, cerca de una tumba que se encontraba ahí.

Luego de la cena de Shabat, se fueron a dormir y al día siguiente Kidor se acercó a estos tres tzadikim y les contó que tuvo un sueño muy extraño, su padre, se le apareció en ese sueño y le dijo que cerca de su tumba había un dinero enterrado y que debería de buscarlo. Rabí Meir se asustó mucho de Kidor y le dijo, para desalentarlo, que no se le ocurriera oír ese sueño puesto que un sueño en Shabat no era significativo ya que al igual que los judíos descansan en Shabat, las almas también se hallan en descanso en este sagrado día.

Shabat continuó tranquilamente y al terminar Shabat, los tzadikim querían continuar con su trayecto y le pidieron a Kidor que por favor le devolvieran sus billeteras con el dinero. ¿Billetera con dinero? preguntó Kidor, ¡sí, aquellas que te dimos el viernes antes de Shabat para que nos las cuides! replicaron los Santos Rabinos. ¡Pero ustedes no me entregaron ningún dinero! exclamó Kidor. Ellos empalidecieron y le dijeron a Rabí Meir, ahora entendemos porque desconfiaste de este sujeto.

Sin más tiempo que perder, planearon una estrategia a fin de recuperar el dinero.

Rabí Meir se acercó a Kidor y le dijo con tono de agradecimiento: "Kidor, tengo que decirte que hemos pasado un buen Shabat en tu establecimiento, hay que reconocer que las sábanas estaban muy limpias, la cama perfecta, la almohada suave, la comida muy buena, sin duda que regresaremos a esta posada en el futuro y traeremos a más gente". Hagamos un L'Haim (un brindis) en agradecimiento por esta hospitalidad. Y así es como fueron a tomar unos tragos juntos y Kidor se pasó y comenzó a emborracharse. Entre tanto Rabí Meir quien lo observaba detalladamente se percató que en el bigote tenía restos de comida, específicamente de lentejas, así que dijo a sus compañeros, apresurémonos, este es el momento de recuperar el dinero.

Regresaron a la posada y tocaron la puerta del cuarto donde se encontraba la esposa y le dijeron: Estimada señora, venimos a despedirnos y le traemos un mensaje de su esposo. La señora abrió la puerta y escuchó el mensaje. Dice Kidor, que por favor nos devuelvas las billeteras que nos estaban cuidando con el dinero. Ella sorprendida le respondió que no sabía de qué estaban hablando. Rabí Meir agregó:

Kidor nos pidió que le dijéramos, como prueba de que él es el que nos envía, que las lentejas que usted le dio hoy de comer estaban muy sabrosas. La esposa se quedó en silencio y se dijo así misma, esto debe de ser verdad, puesto que nadie más sabía que él comió lentejas, así que procedió a entregar las billeteras. Rápidamente se alejaron de la posada. Cuando Kidor regresó a su hogar, la esposa le contó lo sucedido, quien, tras un enojo impulsivo, mató a su esposa. Como moraleja de esta terrible historia, dos cosas aprendemos, que "Mayim ajronín puede matar el alma". Esto significa, que después de comer y antes de rezar Birkat ha Mazón, (el agradecimiento a Di-s por el alimento), los judíos deben de lavarse los dedos de las manos y con esa agua limpiarse también los labios.

Como Kidor no había hecho Mayim ajronín y sus labios se encontraban sucios de restos de comida, ellos pudieron encontrar la forma de recuperar el dinero gracias a este detalle y Kidor, a su vez, perdió su alma, por asesinar a su esposa.

La segunda enseñanza es que ciertamente, el nombre de la persona contiene su esencia.

El Naufragio.

Sucedió en una oportunidad, que Rabí Meir se encontraba en un barco, en alta mar, trasladándose por aguas tranquilas, estudiando mishnayot mientras llegaba a su destino. De pronto e inesperadamente, una gran tormenta azotó el barco, con mucha furia. El capitán y los marineros estaban extremadamente asustados, porqué la tormenta los sorprendió y no pudieron prepararse.

Avisaron a los pasajeros de las precauciones que deberían tomar, giraron el barco y comenzaron a sacar el agua, que las fuertes olas, traían a su interior. Por más que luchaban, la tormenta empeoraba, hasta que llegó un momento que el barco comenzó a hundirse. Un barco más grande pasaba de cerca y se percató de la situación desdichada de estos pasajeros, sin embargo, continuó su rumbo sin detenerse, por temor a la tormenta. En este barco viajaba Rabí Akiva, quien pudo observar cómo su querido alumno, Rabí Meir caía en el mar. Frustrado y de brazos cruzados por no poder ayudar, Rabí Akiva llegó a su destino y con mucho pesar anunció el destino de su querido alumno.

Rabí Akiva atendió la cesión del Beit Din, en la ciudad de Kaputica, para lo cual estaba destinado este viaje, con el propósito de resolver las disputas de las leyes, a cuya cesión Rabí Meir también estaba igualmente supuesto a asistir.

Cuando comenzaron las discusiones, Rabí Akiva reconoció entre las voces, una muy conocida y querida para él, la voz de su alumno Rabí Meir.

Levantó los ojos para observar lo que comentaba y casi desmaya cuando observó que en efecto se trataba de Rabí Meir.

Rabí Akiva exclamó: "No puede ser, yo te vi con mis propios ojos caer al agua, como sobreviviste, ¿quién te rescató? Rabí Meir contestó que las fuertes olas del agua lo empujaron una y otra vez hasta traerlo a la orilla de la ciudad.

Rabí Akiva se puso muy contento y dijo, cuán cierta es nuestra Torá que nos enseña que cuando una persona cae en aguas, cuyo fin no se puede ver, es prohibido para el cónyuge sobreviviente volverse a casar, puesto que no se sabe si la persona que cayó al mar regresará o no.

Al estilo de Aarón

Shabat llegaría pronto, su gloria se empezaría a sentir en todo el mundo. En todos los lugares se siente el placer de lo sagrado, la Kedushá (santidad) que está por llegar, todos se preparan para recibir Shabat. Comienza a sentirse el desprendimiento de lo mundano y la Tumá, lo impuro, comienza a desaparecer.

Pero tanta Kedushá, tanta espiritualidad, tiene un enemigo quien sufre y le causa mucho dolor, es el yetzer hará, el satán (Di-s nos libre), quien comienza a celarse, entonces trata de prevenir el placer, que Shabat trae consigo.

Dos vecinos muy conocidos en la ciudad estaban peleando desde hacía un tiempo. Toda la comunidad sabía de esas peleas, las cuales ocurrían sólo en la noche de Shabat. Toda la semana transcurría en paz, cada uno yacía ocupado con sus menesteres, pero tan pronto se asomaba la víspera de Shabat, todo cambiaba, se peleaban, se ofendían e insultaban sin descanso, hasta que uno de ellos salía herido o rompía algún objeto valioso. La gente solía decir, que nada ayudaría a parar esa controversia entre ellos, ¡excepto por un milagro!

Las peleas llegaron a niveles extremadamente peligrosos, con muchas ofensas y mucha agresión física.

Algunos vecinos trataron de calmarlos, pero no pudieron. No solo no lo lograron, sino que también salieron heridos. Esta situación afectaba a toda la comunidad, había mucho pesar. Con el tiempo estas peleas ya hasta parecen normales, pero de repente, todo cambió, el último Shabat...

Ese viernes, una persona se aproximó a la ciudad, con mucha luz sobre su rostro, el gran Tzadik Rabí Meir Baal Hanes.

Al principio los vecinos se asustaron de la presencia de Rabí Meir y se avergonzaron de no darle el recibimiento apropiado a un ser tan especial, todo por estar distraídos con estas absurdas peleas, pero enseguida alguien reaccionó y le dio todos los honores al Rabino y le suplicó: por favor ayúdenos Rabí Meir, esto es un desastre, un continuo sufrimiento y no sabemos cómo conseguir paz entre estos vecinos.

Rabí Meir les dijo que, con toda seguridad, los ayudaría. Él se dirigió al sitio donde estos dos hombres se encontraban peleando y comenzó a hablar con ellos. Los calmó y les hizo entender, cómo estas peleas no tenían sentido. No eran ellos los que peleaban, era el yetzer hará, quien estaba celoso de la santidad del día sábado, e incitaba estas grandes peleas, sin base alguna, solo para perturbar la paz del sábado. Milagrosamente restableció la paz entre ellos.

Los vecinos comenzaron a respirar y agradecieron a Di-s que la paz regresó a ese barrio. Rabí Meir sabía que esa paz era temporal y las peleas volverían a ocurrir, porque el mal no iba a renunciar tan pronto, así que Rabí Meir regresó el siguiente Shabat y justo cuando comenzaron a pelear, los paró inmediatamente.

Hizo lo mismo la siguiente semana, hasta que después de la tercera vez, cumplió su misión. La prueba de que su trabajo fue un éxito y logró alejar la Tuma de la Kedushat (lo impuro de lo sagrado) es que Rabí Meir escuchó al satán decir: "Rabí Meir conoce el lenguaje de los animales y de los ángeles, pobre de mí que Rabí Meir me sacó del hogar". Estos vecinos nunca más pelearon y Shabat pudo disfrutarse en paz y armonía en ese barrio. Ha Kadosh Baruj Ju, siempre trae bendición a través de la paz".

Bueno, bueno

En un lugar al sur de Israel, había una posada, muy hermosa y acogedora. Los clientes de la posada no imaginaban que, en un lugar tan lejano, una acogida tan buena y calurosa les esperaba. El dueño les ofrecía a sus huéspedes, comida caliente y de la mejor calidad, cuartos confortables, con vistas hermosas y un servicio extraordinario. Un visitante que llegó de noche tomó un cuarto y después de la fastuosa cena, se fue a dormir. Igualmente, los otros huéspedes del hotel se fueron a acostar temprano, puesto que el camino, al día siguiente, sería largo y tedioso. También el dueño de la posada se fue a dormir. Horas antes del amanecer, el dueño de la posada se levantó, se vistió y comenzó a entrar dentro de todos los cuartos. Cuarto tras cuarto, despertaba a sus huéspedes y les decía que hay que apresurarse, para que no se pierdan una gran oportunidad que encontrarán en el camino. A cada huésped le contaba una historia diferente. Así, a unos les decía que la gente que trabaja en el mercado local, ofrece sus mejores productos y a los mejores precios, solamente a la primera hora del amanecer. A otros les convencía por razones climáticas, diciéndoles que es preferible caminar cuando el clima todavía está fresco, porque en esa área, el día calienta rápido y es más fácil viajar antes del amanecer.

Por si fuera poco, el amable dueño, se ofreció para salir acompañarlos hasta que amanezca, para que no sientan temor alguno. La gente creyó que el posadero les estaba dando buenos consejos y hasta los más flojos, comenzaron a vestirse, olvidando así que necesitaban descansar, arreglaron sus pertenencias y comenzaron antes de que el amanecer los alcance.

Unos minutos después de iniciado el trayecto, oyeron un ruido extraño y se percataron de que varios hombres armados los estaban apuntando y les gritaron: "Manos arriba, el que se mueva o diga algo, lo matamos". Tres hombres armados, muy grandes y fuertes comenzaron a registrar entre sus pertenencias y buscaron sus oros, dinero y objetos costosos.

Todos fueron robados, y todos comenzaron a ver al sospechoso dueño de la posada, pero vieron que a él también le habían robado todas sus pertenencias. Luego que los pistoleros se marcharon, el grupo continuó su camino, completamente desmoralizados y aterrados y el dueño de la posada, todo apenado, regresó a su lugar.

Horas más tarde, los asaltantes regresaron a la posada y compartieron todos los objetos robados con el dueño de la posada. Cada noche se repetía la misma historia. ¡Qué buen equipo tienen estos desvergonzados! Una noche Rabí Meir llegó a esa posada. Tenía una misión que hacer en el sur de Israel para el pueblo judío. Se quedó a dormir en la posada y pasada la medianoche, el dueño se le acercó, tocó fuertemente la puerta y lo despertó. Rabí Meir se preguntó, ¿será una emergencia? ¿será que debo de salir corriendo del edificio? Le abrió la puerta y el posadero le dijo, disculpe Ud. Rabino, como bien Ud. sabe, el clima del sur es muy caliente en el día y es muy difícil caminar y le repitió toda la historia de nuevo. Mejor salga ahora antes que amanezca y llegará mejor a su destino. Si tiene miedo de la noche, yo caminaré con Ud. hasta que el sol aparezca.

Rabí Meir le dijo, muchas gracias amigo pero no puedo ir con Ud. porque tengo un hermano en la sinagoga, que va a venir pronto y debo de esperar. ¿Pero dónde está su hermano? preguntó el posadero, yo mismo iré y lo traeré acá, para que no ande solo en la noche. Perfecto, le dijo Rabí Meir, muy agradecido. ¿Y cuál es su nombre? le preguntó el posadero muy animado. Rabí Meir le contestó que su nombre es "Ki Tov." y está en la sinagoga. Rabí Meir cerró la puerta y regresó a dormir. El posadero, quien no estaba familiarizado con las sinagogas, salió a buscar al hermano del Rabino, y traerlo en el medio de la noche. Cuando llegó a la sinagoga más cercana, la vio cerrada, grito: ¿Ki Tov, Ki Tov, ¿dónde estás? sal y ven con tu hermano que te está esperando.

Como nadie salió, camino a otra comunidad y en frente a la otra sinagoga volvió a gritar con voz más alta: Ki Tov Ki Tov, pero nadie le respondía.

Así se pasó varias horas de la noche caminando, de barrio en barrio, de sinagoga en sinagoga, buscando a Ki Tov, hasta que finalmente amaneció. Muy molesto se dio cuenta que, esta vez, no le salió el plan. Sus agresivos compinches esperaron por nada y tendría que darles una buena explicación.

Sus pies le dolían porque caminó casi toda la noche, estaba cansado, regresó a la entrada del edificio cuando se encontró con Rabí Meir. Este se estaba retirando de la posada y agarró su burro para continuar el camino. El posadero le preguntó:

¿Acaso te vas sin tu hermano? Rabí Meir le dijo: ¿Oh, mi hermano? el vino, está aquí, está allá, está en todas partes y finalmente le dijo palabras de la Torá, la cual encontramos en parashá Bereshit, cuyos libros están en todas las sinagogas:

"Cuando Di-s creó la luz, él dijo que la luz es buena, ¡"Ki Tov"!

Una Jala muy especial

Una señora se quejaba de su vecina, quien era una mujer extremadamente pobre y humilde, escondía su pobreza, lejos de enfrentarla. ¿Por qué tanto orgullo? Se preguntaba, si tan solo hablara, la podríamos ayudar, pero así, con esa vergüenza tan grande que siente, solo sufre en silencio. Cada viernes antes de Shabat, todas las amas de casas hornean jala (pan trenzado) para Shabat y ella la pobrecita, no tiene nada para hornear y para que los vecinos no se den cuenta, toma pedazos de maderas y los mete en el horno, así salía humo y nadie se podría dar cuenta de su carencia. La vecina no podía más con esta angustia y fue a visitar a Beruria, la inteligente esposa de Rabí Meir, a ver qué solución proponía para ayudar a su vecina, de una forma muy humana. Mientras le contaba la historia, Rabí Meir, que se encontraba en esa habitación, interrumpió a las mujeres y exclamó: ¡Claro que tiene panes para Shabat en el horno! No Rabino, replicó su vecina, mire que yo puedo ver desde mi ventana su cocina y yo sé lo que estoy diciendo, semana tras semana se repite la misma situación. Rabí Meir se levantó y les dijo: ¡Síganme, les enseñaré que si hay jalot para Shabat en el horno! Una vez que entraron a la casa de la señora, Rabí Meir le preguntó que, si por favor podría abrirles el horno, para que las mujeres vean las jalot que ella preparó en honor a Shabat. La señora no quería ser avergonzada y daba excusas para no abrir el horno. Rabí Meir insistió tanto que permitió a Rabí Meir abrir su horno, quien luego de abrirlo comentó: ¡observen las jalot que están en el horno! Y para la sorpresa de todas, el horno estaba lleno de grandes y hermosas jalot casi listas para Shabat.

Beruria, una mujer inteligente

Mucha acción ocurría en la casa del Rabí Janania Ben Teradión, el gran Tanaíta. Su hija, que era una gran Tzadika (santa), inteligente y con muchos midots (buenas cualidades) se casó con Rabí Meir. Este tenía buen nombre y muy buena reputación.

Muchos hechos buenos, milagros y sacrificios por el pueblo de Israel le son atribuidos a Rabí Meir. Cualquiera lo quería como esposo para su hija. Beruria era la mujer perfecta para él. Todos bendijeron esa unión y les desearon muchos éxitos y ese matrimonio fue muy bueno, a pesar de todas las desgracias ocurridas durante su existencia.

Beruria era tan sabia, que aclaraba dudas de halajá y hablaba con los Guedolim (los grandes) de la generación.

Un día, un hombre del pueblo, que tenía una duda sobre la interpretación de una ley, respecto a las leyes de Tumá y Tahará (las leyes de pureza) fue a consultar con su Rabino, quien, a su vez, no estaba muy satisfecho con la explicación que él mismo poseía y el secretario sugirió, que se quedara en el cuarto, por cuanto acababa de llegar una carta de Rabí Yehuda, con una explicación de la halajá (ley judía) que contestaría a su pregunta. El Rabino se acercó y le dijo que la primera halajá mencionada, se había cancelado y la respuesta era completamente diferente. Y la verdadera respuesta, que acababan de recibir por escrito de Rabí Yehuda, coincide con la respuesta que previamente había dado Beruria y Rabí Yehuda, el presidente del Beit Din (tribunal rabínico) , aceptó la versión de Beruria. Esta no era la primera vez que ocurría, la Guemará, nos cuenta que hechos como este se repetían constantemente. En los últimos tres años ella había aprendido Halajot, (las leyes) todos los días, de 300 diferentes Rabinos.

Muchas de sus explicaciones son mencionadas en el talmud. Ella era muy inteligente, estudiosa y estricta. Era considerada una mujer muy fuerte tanto espiritualmente como en su personalidad.

Cuando Rabí Yosi Aglili, uno de los Tanaitas de la tercera generación, caminaba hacia Lud, para aprender unas cuestiones de Halajot, se perdió en el camino y se encontró con Beruria. Tal y como está escrito en el Pirkei avot (tratado de los padres), un hombre no debe de hablar muchas palabras con las mujeres, así que le preguntó el camino con cuatro palabras; "El camino para Lud." Ella irónicamente le respondió: ¿qué pasa? tu no saludas, no dices shalom, no pides por favor, ¿qué es eso? Él se sorprendió que la sabia Beruria, le dijo todo esto y se dijo a sí mismo, tonto de mí, ¿no oísteis lo que ella dijo? acaso esperaba esta sabia mujer que yo le hable? Beruria continuaba diciendo palabras fuertes y finalmente en tono serio le explicó, que el debió decirle menos palabras que esas cuatro, con dos palabras, hubiera sido suficiente, "donde Lud". El gran Tanaíta fue llamado tonto por una mujer, él se preguntó, ¿acaso escuche que la Santa Beruria me llamó tonto?

Entretanto, un joven talmid que estaba estudiando talmud en silencio, movía sus dedos como si estuviera estudiando consigo mismo y de pronto sintió un golpe en sus pies que lo tumbó al piso. Vio que Beruria fue la que hizo esto y se sorprendió.

Ella le dijo, ¿así es como tú estudias Torá? ¿no sabes acaso que, para recordar la Torá por siempre, tienes que hacerlo en voz alta? cómo puedes aprender si la estás susurrando. En Shmuel está escrito: El camino es largo y guardado. Si estudias susurrando, ¡no retendrás la Torá en tu memoria!

En cuanto a los ateos de la generación, había muchas preguntas y muchas respuestas apropiadas, que solo una mujer tan inteligente podría dar.

Un señor que se quejaba con Beruria, sobre un tema de profetas, el tema de Isaiah, respecto a la Haftará que conforta a Jerusalem, después de la destrucción. Este decía que no puede ser realista y citó como ejemplo: "Raani akara lo yalda (la que no podía tener niños, estaba feliz)" entonces cómo esto puede ser? Más bien es lo opuesto, debería estar infeliz, estas palabras no tienen sentido,

Beruria le contestó: tú solo miras la primera línea de la oración y te equivocas, si lo hubieses leído hasta el final, hubieras visto que este verso habla de los dirigentes de Israel, ¡porque ella no trae niños malvados como tú!

Beruria era muy muy estricta con todos los asuntos de la Torá. En cierta ocasión, ya atardeciendo, dos jóvenes judíos estaban parados frente a una sinagoga donde la gente estudiaba Torá, hasta casi el amanecer. Ellos se pararon en la entrada del Beit Midrash porqué oyeron una voz muy dulce, que emanaba felicidad para el alma, pero no pudieron entender que eran esas dulces melodías que entraban en el alma. Minutos más tarde entraba Rabí Meir a la sinagoga y todos se pararon a recibir muy efusivamente a Rabí Meir y unas personas se acercaron para agarrar su chaqueta. Estos dos jóvenes se enojaron, porque el Rabino ni se percató que esos dos jóvenes estaban parados ahí afuera y se dijeron entre ellos, tenemos que enseñarle que estamos aquí. Cuando Rabí Meir salió de la sinagoga ellos caminaron hacia él y lo molestaron una y otra vez hasta que Rabí Meir pidió a Hashem que castigará a estos chicos.

Beruria su esposa supo lo ocurrido y le dijo que rezar a Di-s para que castigue a los reshaim (los malvados) no es bueno, es mejor rezar al creador para que el pecado se vaya y no los pecadores. Así fue como Rabí Meir rezó para que ellos puedan ver la luz de la Torá, hagan teshuvá y puedan así oír, las dulces y bonitas melodías que las almas judías logran oír, cuando entran en la sinagoga.

Hashem escuchó su pedido y estas dos personas hicieron teshuvá y se convirtieron en dos grandes Rabinos.

Quizás nos sorprende escuchar la forma tan estricta que nuestros jajamin actuaban, hace 2000 años atrás, especialmente en esta generación, en la que la plaga que más nos afecta es la asimilación y emitir palabras fuertes, terminarían de alejar a nuestros hermanos judíos, sin embargo, en la época de Rabí Meir, justo después de la destrucción del Templo, esa era la única forma que se conocía para mantener los principios del judaísmo y que se cumplieran todos los preceptos de la Torá. En el siglo 18, el movimiento jasídico cambió todo el sistema y se adaptó perfectamente a la generación actual.

-La parte mística de la Torá, siempre trae una explicación secreta de todos los hechos, algunos de los cuales son difíciles de entender o de aceptar. Fue gracias a Rabí Shimon Bar Yojai, quien nos entregó el Zohar, y posteriormente, Rabí Itzjak Luria "El Arizal", quien aclaró las dificultades, que podemos tener otra visión del plano oculto de la

Torá y conocer un poco más del plan divino, casi que como si estuviésemos poniendo todas las piezas de un rompecabezas juntas para poder ver finalmente el panorama completo. Estas piezas se completarán con la llegada de Mashíaj (el Mesías), pero esta generación, ha sido muy afortunada de tener acceso a todos estos conocimientos que por siglos se mantuvieron secretos.

Para entender porque la esposa de Rabí Meir e hija del gran talmudista Janania Ben Teradión, le tocó vivir una situación tan difícil, debemos de ir mucho más atrás en la historia y recordar la historia del Rey David con su esposa Bat Sheva. Ocurrió que cuando el Rey Saúl gobernaba en la Tierra Santa, había un gigante llamado Goliat que humillaba al Rey Saúl, al pueblo de Di-s y al mismo Di-s de Israel. El padre de David, Ishai, mandó a David al frente de la batalla, donde estaban sus hermanos luchando, para que les llevara comida. Fue ahí cuando David escuchó las ofensas del gigante y no pudo tolerarlo por lo que aceptó la oferta que había hecho el Rey Saúl, de entregar dinero y a su propia hija, al soldado que acabara con la vida de Goliat. David acepta el reto y le tira una piedra en la frente, que hace que el gigante se caiga, pero no muere. El tomo su espada y quería desnucarlo, pero no sabía cómo quitarle el casco, entonces apareció el escudero de Goliat, llamado Uria Hajiti y vio el milagro que ocurrió e impresionado le dijo a David:

Si te ayuno a quitarle la escudera, ¿me darás una mujer judía para casarme? Y David aceptó, entonces lo ayudó y David pudo culminar su misión. Preguntan los jajamim, ¿cómo se atrevió David a entregar una mujer judía a un gentil? Hubo una conmoción en el cielo y como castigo, se decretó que sea David mismo quien entregue a Uria, a su alma gemela, a Bat Sheva. Varios años más tarde, cuando David se convirtió en Rey y vio por primera vez a Bat Sheva, sintió una atracción desmesurada por ella. Esta atracción fue mutua. El Rey David manda a Uria al frente de la batalla, con la esperanza que muera y pueda quedarse con la esposa. Uria firma un "Get" documento de divorcio antes de partir, como era la costumbre de la época y en esos momentos David toma a Bat Sheva para sí. Uria muere en el frente y David finalmente, se casa con Bat Sheva. En realidad, Uria había desobedecido la palabra del Rey en una situación anterior, lo que le daba el derecho al Rey de condenarlo a muerte, pero toda esta situación no fue bien vista en el cielo y el primer hijo de la pareja murió. El segundo hijo fue Shlomo (Salomón), quien llegó a convertirse en el sucesor del Rey.

Bat Sheva es una madre reprochadora, constantemente golpeaba a su hijo Salomón y le gritaba que, si él no era bueno, la gente diría que es por la culpa de ella y de sus pecados. Reprochaba igualmente al Rey, si lo veía tomando alcohol. El día que el Rey Salomón tenía que inaugurar el Templo de Di-s, había contraído nupcias matrimoniales (ese mismo día) con la hija del Rey de Egipto. La recién casada puso cortinas oscuras en la ventana de la habitación y le encajo diamantes, que daban la impresión de ser estrellas, así que el Rey creyó que no había amanecido y no logró llegar a tiempo para la inauguración del Primer Templo. Nadie se atrevió a despertar al Rey, hasta que entró su madre Bat Sheva al cuarto, gritando y el hijo salió apresurado para la inauguración.

Por cierto, que el Rey Shlomo estuvo muy agradecido con su madre por haberlo despertado y fue esa la motivación que tuvo para componer la canción que se recita todos los viernes Shabat "Eshet Jayil, una mujer de valor, quien encontrará". Ahora bien, nos enseña el Harama Mipano, que Bat Sheva tenía que reparar todas sus faltas, por lo que Hashem la manda de vuelta al mundo, esta vez como la esposa de Rabí Meir, es decir, como Beruria, es decir, Beruria fue la reencarnación de Bat Sheva.

Beruria fue la única mujer destacada en el Talmud. Para que el nombre de un Rabino aparezca en el Talmud, debía tener un nivel muy alto de conocimientos e incluso ser capaz de resucitar a un muerto y deberá tener una dedicación exclusiva al estudio de Torá. Pero Beruria rompió la regla, sus conocimientos de Torá iban más allá de lo extraordinario. Ella también reprochaba mucho a los Rabinos. Esta característica de reprochar venía de Bat Sheva, reparando así con su orientación a los conocimientos de Torá, el aspecto negativo de Bat Sheva. Rashi agrega, que al final de la vida de Beruria, tuvo un incidente muy bochornoso. Rabí Meir regresaba de la Yeshivá y Beruria le pregunto que habían estudiado ese día. Él le contesto que hoy se estudió: que la mente del ser humano es muy débil, especialmente las mujeres, razón por la cual las personas pueden cambiar fácilmente de ideas, valores morales, principios, etc., a lo que Beruria contesta, "Todos menos Beruria, yo soy una mujer muy fuerte, con principios muy arraigados y nadie me podrá hacerlos cambiar".

Fue ahí, cuando su esposo, erróneamente decidió someterla a prueba para demostrarle que estaba equivocada y convenció a uno de sus alumnos para que la seduzca y en el momento en que ella iba a caer en la trampa, él se presentaría en lugar del alumno, evitando así que algo malo llegue a ocurrir y enseñarle a su esposa, que los sabios de la Torá saben mucho y merecen respeto.

Beruria, si era una mujer íntegra e intachable y no es que la insistencia del joven la sedujo, es que ese joven, era el gilgul (reencarnación) de Uria Hajiti, el esposo de Bat Sheva en su vida anterior, y por tanto existía una atracción de almas. Beruria se sintió tan avergonzada que se suicidó. Explica el Harama Mipano en su libro Gilgulei Neshamot, que por cuanto Bat Sheva causó indirectamente la muerte de Uria, en este viaje, el alumno fue el causante de la muerte de Beruria. Solo las almas más grandes y más fuertes son seleccionadas para reparar carencias de otros grandes personajes en el pasado.

El Depositario

Antes de su trágico final, Beruria sufrió una gran pérdida. Estaba muy triste, desconcertada, acababa de perder a sus 2 hijos, y por tanto se perdieron las luces de Israel, dos futuros jajamim (sabios), dos diamantes. Estaba sola, tenía que controlar sus sentimientos, no podía llorar, tenía que aguantar el dolor hasta que acabe Shabat y pueda comunicarle la gran tragedia a su esposo.
Pronto se pondrá el sol y esa es la hora de mayor Kedushat en Shabat donde las tefilot suben a

shamaim (al cielo). Aguanta, ¡aguanta un poco más Beruria! se seguía diciendo así misma!

Durante el día, su esposo Rabí Meir estaba en la sinagoga dando su acostumbrada Drasha (discurso) de Shabat, con muchas parábolas y muchos Midrashim. En su hogar, su esposa Beruria, se hallaba, como una heroína luchando contra sus sentimientos.

Ella trataba de calmarse y controlarse, a pesar del profundo dolor que se posaba en su garganta. Conteniendo sus gritos, agarró los cuerpecitos de los dos niños y los puso en la cama y los arropó.

El final de Shabat llegó y Rabí Meir volvió a su casa. Ella le dijo "Shavua Tov" en un tono muy bajo y le condujo a la mesa para hacer Havdalá (la despedida de Shabat). ¿Dónde están los niños? Siempre los veo a la hora de la Drasha, pero hoy no los vi. Beruria le dijo que ellos fueron hacia la sinagoga. Rabí Meir replicó: que extraño, los busqué y no los vi. Hizo Havdalá y volvió a preguntar por los niños. Ella le dijo, ya llegarán, preparó la mesa para melave malka, puso la comida en la mesa y al finalizar, volvió a preguntar por los niños, ella le contestó con una pregunta de la halajá, en referencia a las leyes del depósito. Le preguntó: Rabí, si una persona te entrega en depósito un objeto muy valioso y luego regresa y pide que le devuelvas su objeto, ¿se lo tienes que devolver? Rabí Meir se sorprendió que la esposa tan inteligente, le hiciera una pregunta tan obvia como esa y le contestó con otra pregunta ¿Acaso no deberías devolverlo? entonces la esposa le dijo, yo sé la respuesta, pero necesitaba tu permiso para devolver ese objeto y le pidió que la siguiera. Al entrar al cuarto de los hijos, levantó las mantas y les enseñó a sus dos amados hijos, quienes yacían sin vida en sus camas.

Él comenzó a llorar y gritar por la gran pérdida, ustedes fueron a la tierra y se dirigían por el camino de la Torá, ustedes iluminaban mi alma con sus conocimientos y sus inteligencias. Rabí Meir no podía aceptar su tragedia, lloraba sin cesar. Su esposa, le dijo que hay que consolarse y aceptar la devolución del depósito, ellos fueron un tesoro, niños con una brillante inteligencia y mucho potencial, pero ellos no les pertenecían, era solo un depósito del Creador del mundo, a él les pertenece y ahora con todo nuestro pesar, hay que devolver el tesoro a su dueño. "Hashem lo da y Hashem lo quita". De esta forma, su mujer consoló a Rabí Meir (Midrash Mishlé 28).

Rabí Meir vio cómo su esposa aceptó con amor esa gran tragedia como una decisión de Hakadosh Baruj Hu.

La gente no creía que espíritu tan fuerte tenía esta mujer y todos dijeron: "Eshet Jayil, una mujer de valor, quien encontrará".

El Padre de Beruria

No satisfechos con destruir el Santo Templo y dejar toda la ciudad en ruinas, solitaria, tenebrosa y llena de cenizas, los romanos también querían destruir el espíritu judío.

Renuentes a dejar a los judíos practicar el judaísmo, hicieron todo lo posible para desconectar la sagrada Torá del pueblo, prohibiendo su estudio. Los judíos tenían que esconderse para poder estudiar. Pero aun cuando se escondían, los romanos siempre los descubrían y procedían matarlos. La historia cuenta, que el emperador romano Adriano, estaba estudiando la Torá, y cuando llego a las leyes que hablan del castigo de muerte por el pecado de secuestro de las personas, se preguntó a sí mismo, ¿y qué castigo se les dio a los hermanos de Yosef cuando lo secuestraron y lo vendieron? Por cuanto no vio en la Torá, que se les aplicado castigo alguno, decidió decretar la pena de muerte de los diez más grandes Rabinos, como "castigo" por los 10 hermanos que vendieron a Yosef (el hijo del patriarca Yaakov). (Génesis 37).

Adriano justificó estos asesinatos, diciendo que la pena para la acción que se cometió contra Yosef, era la muerte, de acuerdo a la ley judía, quien secuestra a su compañero judío y lo vende como un esclavo, será castigado con la muerte.

Sin embargo, la Torá no permite que los descendientes de un criminal sean castigados en lugar de sus antepasados, más Adriano decidió que, aunque este crimen tuvo lugar más de 700 años (Yosef nació en el siglo 14 antes de la era actual y vivió 110 años), diez grandes Rabinos rectificaran este crimen.

En realidad, Adriano creyó que era su decisión, pero eso fue un decreto divino y el solo fue el instrumento para ejecutarlo. ¿Quiénes fueron entonces, estos diez mártires del judaísmo?

1. Rabí Shimon ben Gamliel
2. Rabí Ishmael ben Elisha
3. Rabí Akiva
4. Rabí Yehuda ben Bava
5. Rabí Janina ben Teradión
6. Rabí Yeshavav el escriba
7. Rabí Eleazar ben dama
8. Rabí Janina ben Jakinai
9. Rabí Justzipit el Traductor
10. Rabí Eleazar ben Shamua

En Tishá BeAv decimos una elegía, en forma de poema, que empieza con la palabra Ezkerá, que habla de la muerte de los diez mártires y durante el servicio de Yom Kipur "Musaf" en el ritual Askenazi, leemos un poema en relación a esta tragedia, debido al impacto que tuvo perder tantos pilares del judaísmo y en la cual la congregación debe reflexionar sobre sus propias vidas y los sacrificios que otros hicieron para nuestro bien.

De acuerdo con el poema, los dos primeros en ser ejecutados fueron Rabán Shimón ben Gamliel y Rabí Ishmael ben Elisha ha-Kohen Gadol. Rabán Shimón Ben Gamliel fue decapitado y mientras Rabí Ishmael lloró, la hija del gobernante romano que codiciaba a Rabí Ishmael por su belleza física, pidió que la piel de su rostro le sea entregada para que ella pudiera rellenarla y mirarlo a la cara todos los días, por lo que su piel fue cortada, cuando aún estaba vivo.

El mártir más conocido fue el Rabino Akiva, a quien se le pasó por encima de su piel peines de hierro calientes. A pesar del dolor que lo consumía, todavía fue capaz de proclamar la providencia de Di-s en el mundo, al recitar el Shemá Israel, entregando su alma al Eterno en la palabra final Ejad - "Uno". Esta palabra tuvo un significado muy especial, el cual pronto comprenderemos que representaba.

Rabí Janania ben Teradión, uno de los diez mártires, fue el padre de Beruria, quien estudiaba, y enseñaba Torá en público, sin esconderse.

Rumores fuertes circularon, de que Rabí Yosi Ben Kizma, uno de los grandes de la generación, estaba muy enfermo. Muchos judíos fueron a su casa para visitarlo, incluyendo a Rabí Janania Ben Teradión. Rabí Yosi en su lecho de muerte, advirtió a Janania del terror de los romanos y del inminente peligro a que se estaba exponiendo. Este replicó: estoy sorprendido de lo que Ud. me dice Rabino, todos sabemos que el hecho de que los romanos nos están controlando, es de shamaim (del cielo), es la voluntad divina, porque si así no lo hubiera querido Di-s, Hashem no les hubiese dado permiso de destruir el Templo y de controlarnos. Rabí Yosi insistió y le dijo, espero que no tenga nunca que verte siendo quemado a manos de los romanos y con un Sefer Torá entre tus brazos. Rabí Janania no prestó atención a las proféticas palabras de Rabí Yosi y más bien lo interpretó como que su Rabino ya había perdido su ruaj haKodesh o inspiración divina.

Rabí Janania le preguntó, Rabí, si yo llegase a morir ahora, sería merecedor de Olam Habá (una porción en el mundo venidero) y de ser así, ¿podría decirme en qué nivel estoy? Rabí Yosi le dijo, cuéntame algo de ti, de lo que haces diariamente para vivir.

Rabí Janania le dijo: soy un Gabai (asistente de la sinagoga) hice mi dinero de la tzedaká (caridad) de los donantes, también recolectó dinero para los pobres de la ciudad. He sido muy cuidadoso de que ese dinero nunca se confunda con el mío propio. En una oportunidad algo pasó y el dinero que tenía separado para tzedaká y el dinero que tenía separado para mi propia seudat de purim (comida festiva de purim) se juntaron y realmente no sabía cuál dinero era propio y cuál era el de la tzedaká, así que ante la duda repartí todo para tzedaká.

Rabí Yosi dijo, por hacer algo así, deseo que mi parte en Olam Habá esté en el mismo lugar que el tuyo.

Esta fue su última conversación, poco tiempo después Rabí Yosi murió y la noticia circuló enseguida en el mundo judío. También había romanos, que admiraban a Rabí Yosi y todos vinieron a rendirle honor. Le dieron una despedida muy grande.

Hasta el gobernador romano de la ciudad asistió al entierro y al salir, pasó por la comunidad judía de la zona y se sorprendió al ver a Rabí Janania Ben Teradión estudiando Torá y enseñándose en público a un grupo de judíos, con un Sefer Torá en sus manos. Cuanto tiempo que no atrapaba un pescado tan grande, pensó el romano, mandó a agarrarlo y arrestarlo. Le llevaron a juicio con el Sefer (rollo) de la Torá, como prueba en su contra.

En la Corte le dieron un castigo muy especial, porque no solo violó la ley, sino que, además, lo hizo en público.

Igualmente castigaron a su esposa y a su hija (la hermana de Beruria) por haberlos apoyado. Fue convocado el pueblo para presenciar semejante castigo.

Aquel día hicieron un fuego muy grande en el centro de la ciudad, cubrieron todo el cuerpo de Rabí Janania en algodón mojado y lo lanzaron al fuego junto con su Sefer Torá. El efecto de los algodones mojados era para que no muera tan rápido y sufriera más. Que crueles fueron los romanos. Su intención era romper el espíritu del pueblo judío, pero ni aún en esos momentos de dolor profundo, Rabí Janania mostró debilidad y, por el contrario, alentaba a sus estudiantes que observaban petrificados semejante crueldad, gritando desde el interior del fuego:

"Di-s es fuerte, sus acciones son perfectas y todo lo que hace Hashem es con justicia"

A su esposa también la trajeron para quemarla viva frente a todo el pueblo, y ella gritaba a la par de su marido, palabras de amor al Creador, ella decía: La fe no es una carga fácil y el justo es recto.

Y la hija cuando vio a sus padres morir lentamente en el fuego y a sabiendas del destino que le aguardaba a ella en el prostíbulo a donde la iban a enviar, lloró y gritó palabras del profeta Jeremías:

"Grande en consejos y poderoso en obras, cuyos ojos están abiertos sobre todos los caminos de los hijos de los hombres, para darle a cada uno según sus caminos y conforme al fruto de sus acciones" y el padre le contestó: no llores mi hija, no llores por mí, me estoy quemando con un Sefer Torá en mis manos, el dolor se acabará pronto, pero quien juzgará el dolor de quemar un Sefer Torá?

Los atormentados estudiantes de Rabí Janania le preguntaron qué podía ver en esos momentos y él respondió que podía ver las letras de la Torá subiendo al cielo y ellas están reclamando justicia. Los estudiantes le aconsejaron que abra la boca para que se queme por dentro y muera más rápido, pero él respondió "Que el que me dio el alma, que me la quite" y el soldado romano de nombre Clistanri, el verdugo que oía toda la conversación, se estaba volviendo loco y sintió mucha compasión y arrepentimiento y procedió a preguntarle a Rabí Janania que, si le quitaba los algodones y aumentaba el fuego, para que muera enseguida, ¿le traería con él al Olam Habá (el mundo venidero) ? ¡Si! si lo hiciera, le respondió el Rabino. Júramelo, él juró, entonces el romano metió la mano en el fuego, le quitó los algodones, agregó más ramas secas al fuego y en esos momentos el alma del Rabino regresó al creador. El soldado romano saltó al fuego y murió enseguida y una voz desde el cielo se escuchó que les daba la bienvenida a ambos a Olam Habá, con las siguientes palabras: "Rabí Janina ben Teradión y Clistanri van a ser puestos inmediatamente en los primeros rangos del mundo venidero". Los estudiantes y los Rabinos que miraban atónitos todo lo sucedido dijeron, ¡hay personas que trabajan toda una vida para ganarse el Olam Habá y hay otros que se lo ganan en un segundo!

Shejem, Zimri y Rabí Akiva.

24.000 estudiantes de Rabí Akiva fallecieron en el tiempo de Rabí Meir y a pesar de que nosotros guardamos luto por ellos hasta el día de hoy, en los primeros 33 días del Omer (interrumpiéndolo con la Hilulá de Rabí Shimon Bar Yojai, el día de Lag BaOmer) no se perciben palabras de dolor y pesar por parte de su maestro ni tampoco mucho comentario se hace al respecto en la Guemará. Se nos ha enseñado que estos jóvenes sabios de Torá, no se guardaban respeto entre sí, pero ¿acaso eso es una razón suficiente para que se desate una epidemia que matase a 24.000 jóvenes estudiantes de Torá? Con el propósito de entender un poco más los caminos de Di-s y la perfección del mundo que el Rey de los Reyes creó, nos extenderemos un poco en los temas ocultos de la Torá y tratar de entender qué fue lo que ocurrió realmente ocurrió en ese caso.

Nuestro patriarca Yitzjak (Isaac) tuvo dos hijos gemelos, Yaakov y Esav. Yaakov estudiaba Torá, era tranquilo y pasivo, Esav era guerrero, un asesino (mató a Nimrod) y renegaba de Di-s. No fue considerado judío porque a pesar de tener los mismos padres que su hermano, él nació muy rojo y sus padres temieron que, al realizarle la circuncisión al octavo día, podía desangrarse, así que lo pospusieron hasta que cumpliera los 13 años. Pero a esa edad, el niño ya era grande y no dejó que se le practicara la circuncisión por lo que no entró al núcleo del judaísmo. El día en que Esav mata al Rey Nimrod, también el abuelo Abraham fallece. Yaakov realiza una comida de lentejas, en señal de duelo por su abuelo y Esav regresa a la casa, cansado y hambriento por la lucha que tuvo ese día. Le pide a su hermano Yaakov la comida y este le ofrece cambiarla por su primogenitura. Esav acepta porque no le interesaba la recompensa del mundo venidero, puesto que no creía en él. Después de la venta, Esav entiende que perdió sus bendiciones en el mundo venidero y empieza a odiar a su hermano y lo persigue para matarlo, por lo que Yaakov huye de la Tierra Santa. En esa huida, Elifaz, el hijo de Esav y sobrino de Yaakov lo persigue para matarlo, pero en realidad, no quiere hacerlo, porque lo poco que sabía de Torá, lo había aprendido de su tío Yaakov, pero al mismo tiempo no quería desobedecer a su padre. Yaakov, le sugiere a Elifaz: "llévate todas mis posesiones, porque un pobre es como un muerto" y así lo hizo. Después de muchos años cuando Yaakov regresa, se enfrenta a su hermano y él esconde a su hija Dina, para no tener que entregarla en matrimonio a Esav, por lo que perdió la oportunidad de ayudar a su hermano a hacer teshuvá y que regresara al camino de Di-s, puesto que en esos momentos él podría haberle exigido que se circuncide para poder casarse con su hija Dina. En fin, llegan los días finales de ambos hermanos, Yaakov muere en Egipto y sus hijos suben su cuerpo a Israel para enterrarlo en la cueva de Mea Majpela, en Hebrón, donde están enterrados sus ascendientes, pero Esav se opone, ya que él es, el que quiere ser enterrado ahí, para ese entonces, él se había dado cuenta que, si existe Olam Habá, el mundo por venir y supo, además, que la cueva donde estaban enterrados sus antepasados es la puerta de entrada al paraíso. En los momentos en que el cortejo fúnebre de Yaakov llega a Mea Majpela y Esav se les enfrenta, Jushim, el hijo de Dan y nieto de Yaakov, toma una espada, decapita a Esav y su cabeza rueda hasta quedar enterrada dentro de la cueva.

Ahora bien, el alma de Yaakov Avinu, fue perfecta, un 99% de su alma quedó depositado en el cielo y solo un uno por ciento (1%) tuvo que regresar, para reparar las imperfecciones del alma, es decir, para ayudar a su hermano a hacer teshuvá. Por su parte Esav también tiene que regresar, porque tiene que reparar por las siguientes fallas: 1.) su ateísmo, 2.) negar que existía vida después de la vida, 3.) los asesinatos que cometieron él y sus 400 soldados 4.) realizar la circuncisión y 5.) reparar la persecución que tenía contra su hermano para matarlo.

Entonces el Rey de los Reyes, envía estas almas de nuevo al mundo físico, para que reparen y se purifiquen y esta vez los envía así, a Yaakov como Rebi (Rabí Yehuda Ha Nasí, "El Príncipe") y a Esav como Antoninos (Emperador Romano). Nota: Esta es un de sus reencarnaciones, Esav tuvo otras más, no para reparar, sino para cumplir con su misión que no pudo hacer en su oportunidad, este tema no será estudiado acá por cuanto no se corresponde con este estudio.

Rabí Yehuda Ha Nasí y su padre, Rabán Gamliel, son descendientes directos del Rey David y de Hilel el anciano, y ahora en esta vida, Rabí Yehuda Ha Nasí contenía esa chispa de Yaakov Avinu que vino a reparar ese 1% pendiente.

"Le Yaakov" tiene la misma guematría de la palabra Rebi. Yaakov estableció el rezo de la noche "Arvit" y Rebi empezó las Mishnayot con las leyes de Arvit. Los últimos 17 años de la vida de Yaakov fueron en Egipto y los últimos 17 años de la vida de Rebi fueron en una ciudad llamada Tzipori. Cuando Rebi viajaba al norte de Israel para encontrarse con Antoninos, leía todo el camino la parashá Vayishlaj, como protección y esa es la misma parashá que describe el encuentro entre Yaakov y Esav, el cual terminó en paz.

-En los días del césar romano, existía un decreto, que prohibía circuncidar a los niños judíos. Cuando Rabán Gamliel, el gran Rabino de Israel, tuvo a su hijo varón, todos estaban bien pendientes de que haría el Rabino, quien, sin dudarlo, procedió a circuncidar a su hijo al octavo día, conforme a la ley judía y en desacato a las leyes romanas. Los comentarios llegaron a Roma. César mandó a llamar al Rabino, a su esposa e hijo para castigarlos públicamente. A la llegada al palacio, la esposa del César conoció a la esposa de Rabán Gamliel y sintió compasión por el niño, entonces le dijo, toma tu a mi hijo, yo acabo de parir y el cesar aún no ha visto al niño, dile que son calumnias y que tú no le has hecho el Brit Milá (la circuncisión) al niño. Las madres cambiaron a los niños y cuando César vio que eran solo rumores, los liberó del castigo. Este otro bebé que salvó la vida al Rabí Yehuda Ha Nasí, fue Antoninos, quien en esta vida encarnaba a Esav. Mientras se desarrollaba el juicio, la esposa de Rabán Gamliel amamantó a Antoninos, convirtiendo los niños en hermanos de leche. Con este acto de salvación Esav repara la persecución contra su hermano Yaakov.

Cuando ambos crecieron, Antoninos se convirtió en el gobernador de la zona de Israel, mejor conocido como Marcus Aurelius Antoninos, quien también llegó a ser César de Roma por un corto tiempo. Rebi por su parte se convirtió en el presidente del Sanedrín de Israel. Los dos llegaron a tener una relación muy cercana, y Rebi se convirtió en el profesor particular de Torá de Antoninos, quien construyó un túnel desde su casa hasta la de Rebi, para ir a estudiar Torá. Esto causó el camino a la conversión y eliminación del decreto del César de prohibir la circuncisión. Por cierto, el mismo también se hace el Brit Milá y con eso repara que Esav no se había hecho la circuncisión. Al finalizar sus días, Antoninos pregunta a Rebi si él tendrá Olam Habá, porque está escrito que Esav será borrado de la tierra, a lo que Rebi le respondió, pero no los que repararon sus caminos, como tú lo hicisteis. Antoninos evito guerras y persiguió la idolatría, reparando por completo a Esav en sus idolatrías y sus asesinatos. Finalmente, antes de morir, Antoninos manda varios sacos con monedas de oro a Rebi quien le pregunta, ¿porque me das tanto dinero? Yo soy rico y no lo necesito. Pero Antoninos responde, quizá el nuevo emperador sea malo con ustedes, ten estas monedas y sobórnalo para que los dejen tranquilos y con este último acto, devuelve todo el dinero que Elifaz, el hijo de Esav, despojo a Yaakov cuando lo perseguía.

En otra faceta de Yaakov Avinu, cuando regresó a Tierra Santa con sus esposas e hijos, después de 22 años en casa de Labán, su hija Dina sale a pasear y a conversar con sus vecinas y eso ocasionó que el hijo del Rey de la Ciudad, Shejem ben Jamor, se fijará y se enamorara de Dina. Shejem la llevó a su palacio donde la raptó, la violó y finalmente quiso desposarla.

Shejem se apegó a Dina, dice la Torá: "La amo, la deseo y se pegó su alma a ella" Las iniciales de estas tres palabras, en hebreo, forman la palabra "Ejad". Shejem dejó a Dina cautiva en su palacio y fue con su padre, a negociar con Yaakov el matrimonio con Dina, pero, dos de sus hermanos, Shimón y Leví, tenían un plan y le propusieron que, si todos los hombres del pueblo se circuncidaban, procederían a entregarla en matrimonio. Shejem convenció al pueblo diciéndole, con solo hacer eso, ustedes también se podrán casar con sus mujeres y podrán apoderarse de sus bienes. Entonces todos los hombres lo aceptaron. Ellos fueron 24.000 y ese número se aprende gracias al Rabino Pinejas Friedman, ya que, en todo este capítulo de la Torá, aparece 24 veces la letra alef, que en hebreo se escribe igual que Elef, "mil", para indicarnos que fueron 24.000 hombres.

Al tercer día de la circuncisión, Shimón y Levi aprovecharon que estaban débiles y mataron con sus espadas a todo el pueblo en venganza por la deshonra de su hermana. Sin embargo, cuando van a rescatar a Dina, ella prefiere quedarse con el pueblo gentil, ya que, como mujer violada, nadie va a querer casarse con ella. Fue difícil convencerla.

¿Qué podemos ver hasta entonces? Que Shejem, cometió el error de violar y raptar a Dina, pero estuvo dispuesto a convertirse al judaísmo, a alejarse de sus prácticas idólatras, hacerse el Brit Milá y hasta a convencer a 24.000 hombres de su pueblo, quienes también lo hicieron. Lamentablemente todos ellos murieron, pero cabe la siguiente pregunta, ¿murieron como judíos o como paganos? Y Dina por su parte, quiso alejarse del judaísmo y apegarse al pueblo gentil. Todos ellos tenían que regresar a reparar sus errores, es preciso aclarar, que hay personas que tienen que regresar tres o cuatro veces para reparar y hay seres que hicieron tanto daño, que no se les da la oportunidad de reparar. Esas cuentas las lleva Di-s.

En todo caso, Shejem tiene que reparar no dejarse tentar de nuevo por la provocación femenina y probar su lealtad al judaísmo al igual que los 24.000 miembros de su pueblo, probar que su conversión fue legitima. Dina tendrá que reparar ella que quiso renunciar al judaísmo, por lo que regresará como no judía para emprender su camino al retorno. Por supuesto Shimón y Leví tienen mucho que reparar, pero Levi hace teshuvá en esa misma vida, en recompensa, se les entrega el sacerdocio del pueblo, se los instruye para llevar los objetos sagrados del Mishkán (el tabernáculo) y trabajar en el servicio divino, sin embargo, no reciben porción alguna en la Tierra de Israel. Shimon no hace teshuvá, ellos tendrán que regresar para reparar.

Sucedió que cuando el pueblo de Israel estaba en el desierto del Sinaí, a la salida de Egipto y rumbo a Israel, casi por llegar, el Rey de Moab, Balak, temió ser atacado por el pueblo de Israel y contrató al brujo Bilam para que los maldiga. Tras varios intentos infructuosos, Bilam recomienda a Balak mandar a sus mujeres a seducir a los hebreos, porque los actos de inmoralidad son detestables para Di-s y entonces, predijo Bilam, no serán protegidos y serán castigados por su Di-s. Así que enviaron a todas las jovencitas y entre ellas, la princesa Kozby, quien también participó en estos actos inmorales. El líder de la Tribu de Shimon,

Zimri, cae en la tentación y declara públicamente su amor por la princesa gentil. No solo la lleva a la tienda dando el mal ejemplo a todos los hombres de su tribu, sino que hace un Hilul Hashem (actos contrarios al honor de Di-s) cuando justifica su acción, reclamando a Moisés que el que también se enamoró de una Midianita, Tzipora. Moisés no sabía qué hacer y aparece Pinjas, el nieto de Aaron Ha Cohen y en un acto de celosía por el Creador, atraviesa una espada a ambos cuerpos (Kozby y Zimri) y los mata. Lamentablemente muchos hombres siguieron el ejemplo de Zimri y cometieron actos de idolatría, por una parte cuando comieron la comida no kosher que las midianitas le ofrecían, sus cuerpos tuvieron que evacuar, ya que perdieron la virtud espiritual que el maná ocasionada en sus cuerpos y consecuentemente se agacharon ante el ídolo del Baal Peor y por la otra, cometieron actos de inmoralidad con las mujeres Midianitas, lo que desató una plaga que ocasionó la muerte de 24.000 hombres, todos ellos de la Tribu de Shimon y sólo cesó, cuando Pinjas acabó con la vida de Zimri y Kozby.

En este escenario, tenemos una segunda oportunidad de reparación, en la que todos fallaron. Dina (que en esta oportunidad fue la princesa Kozby) regresó como no judía y su misión era regresar al judaísmo, no tentar a Zimri (quien era Shejem) quien a su vez debía evitar la tentación y afirmar su intención de respetar la Torá y los 24.000 muertos de la tribu de Shimón, que eran la reencarnación de los miembros de Shejem, volvieron como judíos, debían mantener su apego a la Torá y evitar las tentaciones, mostrando su interés puro en convertirse al judaísmo, por amor a la Torá, pero lamentablemente no pasaron la prueba y ninguno pudo reparar su falla de la vida anterior.

Entonces Hashem, grande y misericordioso, les da una tercera y última oportunidad y es ahora, cuando al poner todas las piezas juntas, entenderemos porque Rabí Akiva, será el humilde pastor que cuidaba los animales del padre de Rajel y alcanzara la cima en Torá y midots gracias a una mujer. Asi que, en esta oportunidad a Rabí Akiva le toca reparar el alma de Zimri y los 24.000 estudiantes de Rabí Akiva que fallecen en una epidemia, son los mismos 24.000 hombres del pueblo de Shejem. En esta oportunidad si logran reparar, ya que mueren como judíos devotos estudiantes y cumplidores de la Torá. En la Guemará no aparece ningún lamento por estos 24.000 estudiantes de Rabí Akiva, porque nuestros sabios sabían, que al fin el alma de los 24.000 jóvenes convertidos del pueblo de Shejem, pudieron encontrar descanso en Gan Edén. Estos estudiantes a la vez, no se respetaron los unos a los otros, porque ellos sabían quienes fueron en sus vidas pasadas y ello hizo que se irrespetaran entre sí. De ahí que decimos que el luto se interrumpe el 33 del Omer, porque cesaron de morir. "Morir en todos los sentidos", no necesitan regresar nuevamente en otra vida, puesto que ya repararon todo su tikun.

Por su parte, Shejem y Dina también tienen que reparar sus errores previos, por tanto, Hashem misericordioso, hace que Rabí Akiva, (quien tiene una de las chispas del alma de Zimri) luego de la muerte de su esposa Rajel, enfrenta fuertes discusiones de Torá con Turnus Rufus, el gobernador romano de la zona, el cual siempre llegaba enojado a su casa, por cuanto nunca logró ganar una discusión contra él, entonces, su esposa Rufina (quien en esta vida es la reencarnación de Dina y de Kozby) quiso vengarse y pidió permiso a su marido para seducir a Rabí Akiva y hacer que su Di-s, quien odia las inmoralidades, lo castigue. Turnus Rufus acepta y Rufina sale a seducir a Rabí Akiva, para lograr humillarlo. Cuando Rabí Akiva la ve, lloro, escupió y se rio. La sorprendida Rufina pide una aclaratoria y Rabí Akiva le responde: "Llore porque tienes una belleza muy grande, la cual terminará como carne de gusanos cuando llegue a la tumba, escupí, porque una gota de semen, que está representado por la saliva, no vale la pena, para perder el mundo venidero, y reí por algo que no te puedo contestar ahora". Rufina se quedó trastornada por esta respuesta y no podía parar de pensar en este encuentro, finalmente pidió el divorcio a su marido y se convirtió al judaísmo. Años después de la muerte de Rajel, Rabí Akiva, se casa con Rufina, quien encarna a Dina y Kozby, esta vez, en un matrimonio permitido, reparando así las fallas del pasado. Ahora sí entendió Rufina porque se rió de Rabí Akiva.

Finalmente, como Rabí Akiva, también encarnaba una de las almas de uno de los hijos de Yaakov, (posiblemente a Hashem mismo, quien fue el testigo número 10 de la venta de Yosef, ya que ni Benjamín ni Reuben estuvieron presentes), tuvo una muerte muy cruel y cuando falleció su última palabra con la que expiró, fue la palabra "Ejad" UNO (Hashem) del Shemá Israel, muriendo al kidush Hashem y reparando al mismo tiempo el Hilul Hashem de Zimri.

Rabí Meir presenció la muerte de su maestro Rabí Akiva y de sus suegros y de todos los Tzadikim de esa época cruel, donde los Romanos, no solo destruyeron el sagrado Templo judío, sino también intentaban acabar con la Torá y el judaísmo.
Los 24.000 estudiantes de Torá que murieron, aun cuando ellos tenían un tikun que reparar, dejó al

mundo desolado, sin Torá, un retroceso espiritual sin precedentes. Toda la Torá que tenemos hoy día, vienen de los cinco nuevos Rabinos que recibieron todos los conocimientos y Torá de su maestro y quienes lograron recopilar la Mishna, comentar la Guemará y hasta ilustrarnos con el Resplandor de la luz secreta y oculta de la Torá: el Zohar (de Rabí Shimon Bar Yojai).

El hacedor de Milagros

En camino hacia una tenebrosa Ciudadela, que tenía atemorizada a la gente, porque fue una cárcel de torturas y sufrimientos usada por los romanos, contra el pueblo de Israel, iba Rabí Meir caminando, cargando una bolsa muy pesada.

Beruria, le pidió a su marido que salvará a su hermana del terrible sufrimiento en que se encontraba, tras haber sido enviada a un prostíbulo.

Rabí Meir tomó una bolsa con monedas de oro y fue a donde su cuñada se encontraba, vestido como un jinete romano. Al acercarse a la joven pidió que ella era la persona con la que él quería estar. La hermana de Beruria le contestó ¡estoy con mi período señor! El insistió. Ella le sugirió que hay muchas otras mujeres ahí. Rabí Meir regresó varios días después y la joven respondió lo mismo. Rabí Meir comprobó que su cuñada seguía pura y ofreció al guardia romano que custodiaba el lugar, monedas de oro como soborno, para que la dejara libre. Lamentablemente en esa época, no había jueces correctos, los juicios no eran favorables para los judíos, por tanto, el soborno se volvió necesario para sobrevivir y obtener justicia.

El guardia respondió "Cuando venga mi supervisor y vea que falta alguien me va a matar" Rabí Meir respondió "Toma la mitad de este dinero para ti, y usa la otra mitad para sobornar a los otros oficiales".

Y el guardia continuó: "Y cuando se acabe el dinero, y los supervisores vengan, ¿Qué haré?" Rabí Meir respondió, "Dirás dos veces, **"Di-s de Meir respóndeme"** y serás salvado. El guardia siguió preguntando ¿Y cómo me puedes garantizar que esto me va a salvar? Rabí Meir replicó, "Mira, aquí en esta jaula hay perros que atacan y matan a los hombres. Voy a ir hacia ellos, y verás por ti mismo. Rabí Meir fue hacia allá y todos los perros comenzaron a acercarse para morderle, entonces Rabí Meir gritó: "Elokai De Meir Aneni, Elokai de Meir Aneni". Inmediatamente los perros se echaron para atrás. El guardia se convenció, tomó el dinero y entregó a la joven a Rabí Meir. Cuando llegó el grupo de supervisores y preguntaron por la joven judía, él vigilante los sobornó con el dinero que Rabí Meir le había entregado. Eventualmente, se conoció el delito del guardia. Lo arrestaron y sentenciaron a morir en la horca. Cuando la cuerda estaba atada alrededor de su cuello, el oficial exclamó dos veces: "Di-s de Meir, respóndeme", Milagrosamente la cuerda se rasgó, para sorpresa de todos, quedando desatado el guardia. Este se vio obligado a relatar el incidente, y todos los romanos temblaron del poder de Rabí Meir y fueron a visitarlo y a ofrecerle sus respetos.

Por cierto, ¡el guardia fue perdonado!

Desde ese entonces, se mantuvo la tradición de que cuando un judío se encuentra en cualquier tipo de crisis, da caridad para el beneficio de los estudiantes de Torá en Israel (o de los pobres en la Tierra de Israel) y dedica la caridad en memoria de Rabí Meir Baal Hanes, luego dice dos veces: "Di-s de Rabí Meir, respóndeme" y en ese mérito, si Di-s quiere, saldrá de su crisis. ¿Solo para los judíos? El soldado romano no era judío y le funciono, obviamente si tienes fe en Di-s El Creador del Universo, funcionara.

Esta plegaria también es conocida como una ayuda para encontrar objetos perdidos

Rabí Meir proclamó que él personalmente va a interceder en el Cielo, en nombre de cualquiera que dé caridad a los pobres de la Tierra de Israel, en su mérito.

-De acuerdo con las nuevas revelaciones de nuestros sabios, este milagro que ocurrió con los perros representa el antídoto contra la klipa del perro que viene de Esav.

Ya vimos que el Tzadik hacia muchos milagros, pero en realidad, todos los Tzadikim pueden hacer milagros y especialmente los Tanaitas, que para que su nombre aparezca en el Talmud, tenían que ser capaces de revivir muertos.

Pero este milagro detallado en el Talmud nos conlleva a profundizar la conexión entre la klipa del perro y Esav.

-En su lecho de muerte, Yitzhak pidió a su hijo Esav que le prepare una comida de cabritas para proceder a darle su bendición. Sin embargo, Esav le cocina perros, para mantenerlo embrujado hasta el final de sus días con esta Klipa.

-Cuando los judíos salieron de Egipto en medio de la oscuridad, los perros no ladraron (es decir, la klipa no se interpuso en su camino).

-Cuando la reina Esther iba a enfrentar al malvado Hamán, rezo a Di-s,"Sálvame de ese perro".

-En Perek Shira está escrito:

Rabino Yeshaya, el estudiante de Rabí Janina ben Dosa, ayunó ochenta y cinco ayunos; dijo, (Lo hice porque) los perros, sobre quien está escrito, "Y los perros son ávidos, no conocen la saciedad" (Isaías 56:11) ¿se merecen a recitar una canción al Creador? Un ángel le respondió desde el cielo y le dijo, "Yeshaya, ¿Hasta cuándo sufrirás por este asunto? Este es un juramento que El Santo bendito sea hizo desde el día en que se reveló el secreto del profeta Habacuc y no reveló este asunto a nadie en el mundo. Pero, puesto que tú eres discípulo de un gran hombre, he sido enviado desde el cielo para ayudarle, para decirte porqué los perros han merecido recitar una canción, en virtud de que lo que está escrito acerca ellos: "Pero ningún perro afiló su lengua contra los Hijos de Israel," (Éxodo 11: 7). Por otra parte, estos merecen que cueros curtidos con otras sustancias extraídas de ellos, se convierten en pergamino sobre el cual se escriben Sefer Torás, Tefilín, y Mezuzás. Por lo tanto, por eso merecen recitar la canción. Y en cuanto a su pregunta, vuelve por tu camino y no continúes con este asunto, porque está escrito: "El que guarda su

boca y su lengua, preserva de sufrimientos su alma"
(Proverbios 21:23) Hashem bendito sea por
siempre, amén y amén.

Como podemos apreciar hay un gran secreto que
recién comienza a revelarse en esta generación.
-Dice la Guemará, ¡si un perro rabioso te muerde,
come de su intestino! Lo que significa que el
antídoto del veneno es el mismo veneno, por tanto,
el antídoto para la klipa de Esav es Rabi Meir,
descendiente de Nerón, descendiente de Esav,
cuya luz única protege a la humanidad contra esa
cascara impura.
¿Como funciona? Revelo el Rabino Shimshon de
Ostropoli que esta klipa tiene 944 ángeles de javala
(que causan daño, son fuerzas negativas). Las
palabras ELOKAI DE MEIR ANENI, tienen una
guematría o valor numérica de 472 al decirlo dos
veces, suman 944 correspondientes al número de
ángeles de esta klipa.

Lámpara de Luz

Todas las leyes que hemos recibido por tradición de Moshe Rabeinu a Joshua y así sucesivamente, vienen directamente de la Torá (mi'oraysa) y por consiguiente, no han sido objeto de discusión o interpretación, pero, la Torá oral y las leyes que han sido decretadas por los Rabinos más importantes de las generaciones, (mi 'rabanut), se prestan a diferentes interpretaciones y por tanto, el Sanedrín en esa época y la mayoría de nuestros sabios, posteriormente, tenían que decidir cuál es la correcta interpretación de algunas de esas leyes.

En la Galilea, había una sinagoga, donde la gente sostenía conversaciones de Torá, muy intensas. Cada uno quería expresar su opinión, pero entre ellos, nunca llegaban a ninguna conclusión. Cierto día, durante una de esas habituales y calurosas discusiones sobre un específico tema, entró Rabí Meir. Como una luz que ilumina el corazón de las personas y reaviva su alma, todos se alegraron con su presencia y le expresaron la divergencia de opiniones reinante, pidiéndole por favor, que decida quien estaba en lo cierto. Luego de escuchar a todos, él les dijo uno por uno, que cada opinión era correcta y explicó por qué lo era. Tú tienes razón por esto y esto, tú tienes razón, por esto y esto y tú también tienes razón, por este y este motivo... De modo que todos tenían razón, aun cuando las opiniones de ellos eran contradictorias. De cualquier tema que la persona hablara, encontraba la pureza de las palabras hasta que convencía a todos, que todos los argumentos eran válidos. Pero no podían decretar la halajá del tema, porque las palabras de Rabí Meir eran tan poderosas, que todo lo que decía era aceptado por todos y ni siquiera los grandes Rabinos podían determinar si el punto discutido era cierto o incierto.

Rabí Meir era muy inteligente, sabía mucha Torá, era muy grande y muy famoso. Sus discípulos decían que él podía moler montañas cuando estudiaba Torá.

Era comparable con un constructor, que trae los instrumentos necesarios para construir un edificio, hace huecos en la tierra, destruye lo existente y construye un nuevo edificio. El poder de las palabras de Rabí Meir podía destruir las explicaciones existentes de la Torá para implantar otras nuevas.

Rabí Yehuda Ha Nasí, quien compuso la Mishna, se decía, asimismo, que a pesar de todas las discusiones y peleas que tuvieron, el mérito de dicha recopilación era de Rabí Meir.

En el Beit Midrash donde se sentaban a discutir, él solo lograba ver la espalda de Rabí Meir, nunca su rostro. Rabí Yehuda también solía decir, que, si se hubiera podido sentar cara a cara con Rabí Meir, hubiera sido más inteligente. Las cosas que le pertenecían al Tzadik, también brillaban.

Rabí Shimón Ben Eliazar, era uno de sus estudiantes, quien estuvo muy conectado con Rabí Meir, apreciaba mucho sus lecturas y tuvo el mérito de quedarse con el bastón de Rabí Meir y cuando tenía dudas o problemas, golpeaba el bastón contra el suelo y los conocimientos se le aclaraban.

La gente no judía que habitaba en los alrededores también disfrutaba los conocimientos de Rabí Meir y le hacían preguntas filosóficas. Uno de ellos era el comandante principal de los romanos. Cierto día, uno de los grandes sabios de Israel, estaba sentado en el Beit Midrash, estudiando Torá, aislado mentalmente de todos, tan concentrado en sus estudios, que no escuchó los sonidos de las trompetas y de los tambores que sonaban, anunciando la llegada de un comandante romano, quien traía un mensaje para dar a la comunidad.

Cuando el shaliaj (mensajero) entró a la sinagoga para anunciar el mensaje la gente estaba muy ansiosa por escuchar las noticias. El mensaje fue, en nombre del Parlamento Romano, que se les otorga a los grandes sabios de Israel, treinta (30) días contados desde la lectura de esa noticia, para enviar a Roma una lámpara muy grande, con capacidad para iluminar toda la ciudad, y si la luminaria no es suficientemente grande para cumplir este propósito, ¡deberán completarla con un gran diamante que brille hasta en la oscuridad!

Ante la petición planteada, se suscitó un enorme temor, por cuanto nadie sabía de donde sacar una lámpara de esas proporciones y en menos de treinta días y llevarla a Roma en ese lapso.

Repentinamente, el gran sabio interrumpió sus estudios de Torá y dijo: ¿por qué hay que pensar tanto? Tal vez lo que los romanos están buscando, es un sabio que los ilumine y les conteste sus preguntas y a ese ser lo llaman "la luminaria".

Todos se pusieron muy felices por la interpretación del sabio y acordaron que, sin dudas, esa debería de ser la solicitud de los romanos, pero ahora, tendrían que decidir, cual de todos los sabios de la época tendría éxito en esta misión y al mismo tiempo, haría un gran Kidush Hashem (honor al nombre de Di-s) en Roma. El nombre de Rabí Meir fue propuesto. Él era un sabio completo y nadie mejor que él, sabría qué responder a los romanos sobre cualquier tema que ellos decidieron plantear.

Mandaron entonces a Rabí Meir a Roma, quien respondió perfectamente a los gobernantes romanos todas sus inquietudes y todas las preguntas que ellos tenían sobre el judaísmo, e hizo un gran Kidush Hashem, regresando así, a la Tierra Santa, con mucha felicidad.

Creciendo con Humildad.

¿Cómo sigue tu niño pequeño de su dolor de estómago? cómo pasó la noche, la pobre criatura? Preguntó una vecina a la otra cuando se encontraron en la mañana del sábado. Te sorprenderás, le contestó su vecina, el dolor de estómago le pasó tan rápido que no lo sintió más y dormimos toda la noche Baruj Hashem (Bendito Di-s) y amanecimos muy recuperados.

¿Cómo es posible, preguntó? apenas ayer cuando me fui de tu casa, tu hijo estaba sufriendo tanto, lloraba sin parar y no hallaba ninguna posición ni remedio que le aliviara el dolor.

Verdad querida amiga, pero escucha lo que pasó, después que tú te fuisteis, no sabía qué hacer con mi hijo, así que rece desde el fondo de mi corazón a Bore Olam (El Creador del Mundo) para que mande refua (curación) a mi hijo y también rece unos salmos de Tehilim.

No pasó mucho tiempo cuando mi esposo volvió a casa muy excitado, ¿qué pasa? Le pregunté y él comenzó a contarme lo que pasó en la sinagoga. Rabí Meir y otros Rabinos estaban estudiando un tema antes de rezar. El tema era, precisamente, como curarse de un fuerte dolor de estómago durante el Shabat y sin violar el santo día. Uno de los Rabinos dijo que hay que mezclar vino rojo seco y aceite de oliva y tomar unas cucharas para aliviar los dolores estomacales. Algunos de los Rabinos dijeron que no se debería usar este remedio en Shabat a menos que sea una situación de peligro, otros decían que, si se podía, aun cuando no se estuviese en peligro de muerte. Cada uno exponía sus puntos de vista y al final se decidió, de que no se debe tomar el remedio. En esos momentos Rabí Meir intervino y dijo que él no estaba de acuerdo con esa posición y de que, si se podía usar este remedio en Shabat, sin necesidad de que exista peligro de vida. Pues, siendo ese precisamente el problema de mi hijo, seguro que Di-s escuchó mis rezos y mandó a Rabí Meir a darme la solución, así que fui inmediatamente a la cocina, mezclé el aceite de oliva con el vino rojo para darle unas cucharadas al niño e inmediatamente comenzó a sentirse muy bien.

En ese mismo Shabat, Rabí Meir volvió a su casa del Beit Midrash con algunos de sus estudiantes. Luego de haber disfrutado de la comida de Shabat, Rabí Meir también padeció de fuertes dolores estomacales. Los estudiantes que estaban en su casa y que habían sido testigos de toda la discusión que hubo en la sinagoga, en relación con el remedio, si debía o no debía tomarse en Shabat y le sugirieron al Rabino que lo tome. Rabí Meir se negó a tomarlo. Uno de sus estudiantes, Rabí Shimón Ben Eleazar, le dijo: Rabí, podemos ver que tiene un dolor de estómago muy fuerte, no es Pikua nefesh (peligro de muerte) pero todos hemos aprendido hoy de usted, que podemos mezclar aceite y vino y tomarlo durante Shabat para sentir alivio y poder gozar de un placentero Shabat, así que permítanos preparar este remedio.

No, exclamó Rabí Meir, de ninguna manera. ¿Pero por qué? insistieron sus estudiantes, esa fue su decisión en ese tema? ¿Acaso cambió de parecer? Rabí Meir explicó: "Si es verdad, yo dije eso, pero yo nunca haría algo que va en contra de los pensamientos de mis amigos". El hecho de que algunos de ellos pensaron que si se podía tomar el remedio en Shabat y otros pensaron que no se podía, me obliga a ser más estricto conmigo mismo y por tanto no voy a usarlo en Shabat, de esta forma, no iré en contra de los que pensaron que no se podía, aunque en realidad, si se puede. Rabí Meir tuvo dolor de estómago hasta el final de Shabat.

Resulta oportuno agregar, que, en dos ocasiones diferentes, me encontré frente a dos personas que tenían fuertes dolores estomacales en pleno día Shabat. Les comenté sobre el remedio de Rabí Meir y decidieron tomarlo. ¡Santo remedio!

El Escriba

Será un honor tenerlo en esta Yeshivá como uno de nuestros estudiantes", así se leía en el resultado de la prueba que le hicieron a uno de los estudiantes de la Yeshivá. Extremadamente emocionado y con manos temblorosas, pero de alegría, le entregó la nota a su padre, apenas llegó a su casa.

Qué felicidad, ¡qué orgullo de hijo tengo! exclamó. Su padre estaba tan impresionado de los resultados académicos de su hijo que decidió premiarlo, comprándole un nuevo par de tefilín del más famoso y apreciado sofer (escriba): "Rabí Meir Baal Hanes". Ambos fueron juntos caminando y conversando a casa del escriba.

Cuando llegaron a la casa de Rabí Meir, sintieron el olor del pergamino y de la tinta.

Al acercarse a su cuarto vieron por la ventana a una persona mayor, inclinada, trabajando sobre una gran mesa. Ellos se quedaron fuera del cuarto esperando que terminara de escribir para poder comprarlos.

Durante el tiempo de espera, el padre le dijo a su hijo: Decidí comprarte los tefilines de Rabí Meir, por qué él es un gran Tzadik, temeroso de Di-s, un escriba profesional, tiene todos los conocimientos de Torá, la cual conoce de memoria y es una persona muy detallista especialmente en todo lo concerniente a Halajot (leyes). Sí padre, respondió el joven, nuestro profesor también nos habló de Rabí Meir, en una de las lecciones nos dijo, cuán agradecidos debemos de estar por las buenas cosas que el Tzadik hace por nosotros y por la Torá que nos enseña y nos prometió contarnos muchas historias de él, en el momento adecuado.

El padre le dijo, pues bien, yo también te contaré una historia de Rabí Meir. Habiendo fallecido el Emperador Adriano, las noticias se extendieron rápido y los malos decretos que se habían dictaminado en el pasado contra los judíos, fueron cancelados. Los líderes religiosos salieron de todos sus escondites y comenzaron a trabajar por rescatar la Torá. Siete sabios tuvieron una reunión en el Valle del Rimón, siendo Rabí Meir uno de ellos, la intención principal era decretar el año bisiesto que los Romanos nos tenían prohibido fijar, con el propósito de que las fiestas judías coincidan con el tiempo exacto en que deben de ser celebradas (especialmente la fiesta de Pesaj, que siempre debe de coincidir con la primavera). Pero no hubo mucho tiempo porque los romanos volvieron a sacar nuevos decretos en contra de los judíos y el encuentro que tenía que darse en Ushea, no pudo realizarse y tuvieron que trasladar el encuentro a la ciudad de Yavne.

Los romanos los estaban observando todo el tiempo y era muy difícil continuar. Entonces tomaron la decisión de mandar a una ciudad en Asia Menor (en esta ocasión, posiblemente Cappadocia hoy día: Turquía) a Rabí Meir, para que él solo pudiera realizarlo y decretar. Rabí Meir salió en el mes de Adar, que era además la fiesta de Purim. Su misión fue exitosa. Pero Purim estaba por comenzar y Rabí Meir no hallaba un lugar donde hubiese una Meguilat Esther (la lectura de la fiesta) para poder leerla, por tanto, decidió que, siendo él un escriba, podría escribirla. Por una parte, se sabía la Meguilá de memoria y por la otra, esta se debe leer de un escrito y nunca recitarla de memoria. El siguiente problema es, que la Meguilá es tan larga, que no es posible terminar de escribirla en un solo día. ¿Cómo lo podría hacer? Calmadamente comenzó a preparar la tinta y a continuación, a escribirla y ¿adivina qué hijo mío? antes de que se acabará el día, escribió no una, sino dos Meguilot. La primera fue producto de su memoria y la segunda la escribió copiándola de la primera, para poder así leerla de una Meguilá copiada y por si todo esto fuera poco, lo hizo con una caligrafía fina y perfecta, trabajo típico de Rabí Meir.

Pasaron unos minutos más y Rabí Meir salió del cuarto y se dirigió a ellos con los nuevos tefilines y se los entregó.

Que emoción tan grande, ¡un par de tefilín nuevos, hechos y entregados de las manos del Tzadik y con su santa bendición!

En el camino de vuelta a casa, el padre continuó contando otras historias de Rabí Meir a su entusiasmado hijo.

En una oportunidad, continuó con el relato, cuando fue a visitarlo una vez a su casa Rabí Ishmael, uno de sus maestros, le preguntó: de dónde viene tu parnasá: y Rabí Meir le contestó: ¡Soy un escriba! Este le advirtió que debía tener cuidado extraordinario cuando escriba los textos sagrados de no equivocarse o saltear una palabra, pues eso cambiaría todo el sentido del texto y dejarían de ser kosher sus escrituras, ¡lo aleinu!

Rabí Meir era extremadamente humilde y se conformaba con hacer tres (3) selaim (ducados) por semana, si hacía más de eso, paraba de trabajar, hasta la siguiente semana.

Su dinero era invertido de la siguiente forma: Un Sela, para comida y bebidas del hogar, el otro para ropa y el último Sela los estudiantes de Torá.

Cuando le preguntaron porque no ahorra dinero para el futuro de sus hijos, él respondió: Si ellos serán Tzadikim, ellos tendrán parnasa, acaso no dijo el Rey David en su salmo 37: Fui joven y fui viejo y nunca vi un justo desamparado y si Di-s no quiera, llegaren a ser reshaim (malvados), ¿porque guardaría dinero para los enemigos de la Torá?

Hermosas Parábolas

Érase una vez un hambriento coyote buscando desesperadamente algo para comer, sin poder encontrar nada en su camino.

Tres días pasaron y el coyote iba perdiendo fuerza, él se veía morir y comenzó a delirar imaginándose cosas extrañas como el discurso que dirían de él cuándo lo coloquen en su tumba. De pronto, sintió un golpe en su costado y despertó súbitamente de su imaginación. Comenzó a buscar quien lo había golpeado y oyó una voz conocida que le decía: Hola amigo, ¿qué hay de nuevo? Mmm, era el zorro, el que constantemente tiene que huir del coyote puesto que este siempre estaba dispuesto a comérselo, pero en esta oportunidad, aprovechando su debilidad, se le acercó sin temor. El coyote le dijo, si no me das comida inmediatamente, moriré ahora y nunca sabrás que hay de nuevo en nuestro mundo. El zorro le respondió, si prometes no hacerme daño, te daré un buen consejo y si escuchas mi consejo, verás que no sentirás más hambre y comerás carne hasta hartarte. El coyote le dijo, para de provocarme porque también te comeré a ti. El zorro le dijo, ve al pueblo y entra a una casa de judíos en la víspera de Shabat, tú sabes que ellos tienen mucha y variada comida los viernes, que va desde sopa, pescado, carne, postre y pan. Cuando vayas al hogar de los judíos diles que les ayudarás a hacer las preparaciones para Shabat y te darán un tique de entrada para participar en la cena esa misma noche.

El coyote fue todo emocionado a la comunidad judía más cercana, sin prestar atención de que los seres humanos se asustan de los coyotes y apenas se iba acercando todos comenzaban a gritar.

Finalmente, unos hombres muy fuertes se acercaron con instrumentos de cocina para alejarlo. El coyote escapó del lugar, muy hambriento y se aproximó al zorro para enseñarle una lección por haberle hecho una mala jugada. Él sabía perfectamente que los humanos no me iban a aceptar y me convenció de ir allá solo para que me hieran. ¡Iré y me lo comeré!

El zorro se percató de lo furioso y hambriento que estaba el coyote y se asustó, entonces le dijo: ok, debes de saber de qué las heridas que recibiste hoy no fueron a causa de los humanos sino a causa de tu padre. ¿Sí? ¡Preguntó el coyote! ¿y que tiene que ver mi padre? ¿Acaso tú piensas, replicó el zorro, que la idea de tomar comida de los judíos por ayudarles a hacer una mesa es algo nuevo? Pues no, no es nada nuevo, también tu padre en su tiempo trató de hacer esto. Tu padre se acercó a la comunidad judía, los ayudó y no se aguantó hasta la cena y se comió toda la comida de ellos sin dejarles nada para su comida de Shabat.

¿Viste? por culpa de tu padre, que comió toda su comida sin recibir castigo, ellos te hirieron a ti. El coyote dijo, ¿acaso es mi culpa? ¿Acaso los hijos pagarán por los pecados de sus padres?

Pero no te rindas, le dijo el zorro, ven conmigo y yo te enseñaré unos lugares donde podrás comer en abundancia. El zorro le llevó a un pozo de agua y en el trayecto le describía la deliciosa comida que encontrará en ese lugar. Al llegar al pozo, vieron una madera con una cuerda y un cántaro de agua arriba y el otro abajo dentro del pozo. El zorro se montó en el cántaro de arriba y el peso hizo que cayera al fondo del pozo, haciendo que el otro cántaro subiera a la superficie. El coyote preguntó, ¿porque te bajaste ahí? Y el zorro le dijo para enseñarte dónde está la comida, aquí está lleno de queso y carne, ¡mira! El coyote se asomó y vio el reflejo del sol en el agua que parecía una gran bola de queso y no pensó mucho y le preguntó, ¿cómo puedo llegar allá? metete en la otra vasija y vendrás. El coyote se metió en la otra vasija, el zorro subió a causa del peso del coyote. Una vez abajo, vio que solo había agua y nada de comida y pensó, este zorro ya me engaño dos veces, pero ahora estoy en sus manos, si le demuestro que estoy bravo, nunca me sacará del pozo. ¿Calmadamente le preguntó cómo saldré de aquí? El zorro le respondió: Un Tzadik puede escapar de los problemas, pero los reshaim (malvados) los reemplazan. Tu siempre has querido matarme y yo escapé de tus redes una y otra vez, ahora tú me reemplazas y acabarás por recibir tu castigo, nunca más podrás salir de ahí. Este Mashal, o parábola, la cual es una de las 300 fábulas de zorros y otros animales que Rabí Meir solía contar, nos enseña proverbios y aprendizajes de la Torá. Lamentablemente estas no fueron escritas y se perdieron todas ellas con excepción de tres, siendo esta, una de esas tres que se salvó de la extinción. Con la muerte de Rabí Meir se acabaron todos los contadores de parábolas. Rabí Johanan decía que cuando Rabí Meir contaba sus lecturas en público, las dividía en tres partes, hagadá, Mashal y Midrashim para que todos los oyentes de cualquier nivel pudieran entender sus enseñanzas.

El Zorro y el Viñedo.

Un zorro llegó a un viñedo que estaba cercado por todos lados. El intentó entrar por un agujero en la cerca, pero era demasiado pequeño. Entonces pensó, ¿qué hacer? Ayunó durante tres días hasta que quedó delgado y débil y pudo encajar a través del agujero. Entró en la viña y comió hasta saciarse y engordar. Luego trató de salir, pero no pudo pasar por el agujero. Él ayunó durante otros tres días hasta que estuvo delgado y esbelto de nuevo, y finalmente pudo salir. Cuando estuvo afuera, regresó al viñedo, miró y dijo: "¡Oh, viña! ¡Lo bueno que eres y lo bueno que son tus frutas! Todo lo que tienes es bueno y digno de elogio. Sin embargo, ¿Cuál es el beneficio que podemos obtener de usted? Cuando uno entra, no puede salir." Explica Eclesiastés Rabá 5:20 "Como él salió del vientre de su madre, desnudo volverá a irse como vino, y nada tomará por su trabajo de lo que pueda llevar en su mano" (Eclesiastés 5:14). La viña en la que entra el zorro representa, para el autor de nuestro Midrash, la vida en sí misma. Uno deja la vida por donde entró, como el zorro, que representa a la carrera humana. El final del Midrash también es muy interesante: "Este es el destino del mundo: como dejas desnudo el útero de tu madre, así volverás ". Se enseñó: Cuando vengas, así irás; entras llorando y te vas llorando, llegas rodeado de cariño y te vas rodeado de cariño, llegas inconsciente y te vas desprevenido.

EL ZORRO Y EL LEÓN

Rabí Meir Baal Hanes contaba la siguiente fábula: Un zorro iba por el bosque y se encontró con un león hambriento, que quería matarlo y comerlo. -No es honroso para el rey del bosque -le dijo el zorro- comer una carne flaca como la mía. Mejor ven conmigo y te mostraré un hombre gordo, a quien podrás devorar y quedar satisfecho y todavía me lo vas a agradecer. Siguieron caminando y vieron un pozo grande tapado y del otro lado, un hombre estaba apoyado bajo un árbol, descansando de su pesado trabajo. Al verlos, el hombre se asustó y comenzó a pedir al Eterno que lo salvara de ser devorado. -Tú sabes -dijo el león- me da miedo el pedido del hombre al Eterno. Temo que me castigue si me como al hombre. -No tengas miedo -dijo el zorro- a ti nada te pasará; porque el Eterno castiga únicamente a los nietos del pecador -si es así, me comeré al hombre, dijo el león y pegó un salto para atacar, pero se cayó en el pozo, de donde no podía salir. El zorro se colocó a la vera del pozo y miraba al león que no cesaba de rugir. -Eres un zorro falso -bramaba el león me engañaste y me mentiste. Me prometiste que a mí nada me iba a suceder, solamente a mis nietos y ahora el Eterno me castigó y moriré aquí de hambre y sed. -No te dije ninguna mentira -repuso el zorro- es verdad que al pecador el Eterno no lo castiga, sino a sus nietos. Pero tienes que saber que tu abuelo pecó y por eso recibes el castigo. El león se enfureció y gritó: -¿Qué clase de castigo es este, los padres comieron frutas inmaduras y los dientes de los hijos deben doler? -Antes te resultaba justo que por tus pecados sufrieran tus nietos dijo el zorro, ahora puedes sufrir por el pecado de tus mayores.

A la imagen de Di-s

Culpable, Culpable, se oían voces desde la Corte del Sanedrín. Habrá que matar al culpable. En la época del Beit Hamikdash, (el Segundo Templo) el Sanedrín estaba en Jerusalem y lidiaba con toda clase de situaciones. Tenía que emitir leyes de cómo juzgar a personas y hasta sentenciar a muerte a los culpables, todo conforme con las leyes de la Torá. Para poder condenar a muerte a un judío que cometió cierta clase de crimen, tenían que haber dos testigos, religiosos, temerosos de Di-s y debían de ser detalladamente examinados. Solo una vez el Sanedrín condenó a una persona a morir. Una vez sentenciado el convicto, había que apedrearlo y arrojarlo desde lo alto del monte Tabor. Los miembros del Sanedrín no querían realmente condenar a muerte a nadie, porque de igual manera Hashem se va a encargar de esa persona, entonces se mudaron a Yavne, donde no había un monte por donde tirarlos, para dar así cumplimiento a la ley, en consecuencia, dejaron de condenar a muerte a los culpables. Había otros casos, donde la muerte era, ahorcándolos sobre un árbol.

La Torá obliga enterrar a los muertos inmediatamente, sin esperar.

Rabí Meir solía dar un Mashal, que explicaba, por qué es tan importante desamarrarlos del árbol y enterrarlos enseguida.

Él contó que cierta vez, había unos hermanos gemelos, que eran exactamente idénticos por fuera, pero muy diferentes por dentro. Uno de ellos era una persona muy buena, servicial, honesta, amable y muy culto y el otro era un analfabeto e iba por mal camino. Al hermano educado, le iba bien en todos los sentidos y se llegó a convertir en un rey. El otro hermano iba cada vez peor y peor y hurtaba cosas de las personas y cometía otros crímenes. La gente comenzó a enterarse de que el hermano del rey era un delincuente y el rumor llegó al rey. Cuando este se enteró, dijo sin titubear que habría que aplicar la ley del pueblo y por tanto lo mandó a matar. Lo colgaron en el árbol, en el centro de la ciudad. La gente que caminaba por ese lugar, se fueron acercando, y comentaban: ¿Viste lo que está sucediendo? Están colgando al rey de nuestro pueblo. Así que el rey se apresuró y mandó a quitar del árbol, el cuerpo sin vida de su hermano.

El Rey (Hakadosh Baruj Hu) se preocupaba más por su honor, que por otra cosa.

Por ese motivo es muy importante enterrar el cuerpo del asesinado, lo antes posible, porque el ser humano fue creado a la imagen y semejanza de Di-s.

La exuberante inteligencia de Rabí Meir, hacía que todos quisieran oír sus Hagadot, historias y fábulas. También los no judíos sabían de su fama y se le acercaban para hacerle diferentes tipos de preguntas sobre fe en Di-s. Otros hacían preguntas en forma satírica, solo para burlarse de la Torá de Israel. Rabí Meir contestaba a todos por igual y con la misma amabilidad y esas respuestas ayudaban a que la gente incrementara su amor y fe en Hashem. "Los Kutim (Samaritanos)" eran un grupo de personas que vivían en Israel en esa época, en las montañas de Shomrom, eran guerim (conversos) y solo creían en la Torá escrita mas no en la Torá oral, por ello siempre le traían cuestionamientos sobre el judaísmo.

Un día, uno de ellos le dijo a Rabí Meir: En Bereshit, cuando Di-s narra cómo creó el firmamento y la tierra, no explicó, cómo es posible que las aguas de arriba no se caigan hacia abajo, atentando contra las leyes de la naturaleza. Rabí Meir le dijo que es muy válida la pregunta, pero la palabra de Di-s es la que las mantiene, ya que fue todo fue creado por su boca y todo lo que existe obedece a la palabra de Di-s y para probarlo le pidió que le trajera un embudo con dos huecos, uno grande arriba y uno abajo más pequeño.

Cuando el agua está arriba, el agua cae por el hueco pequeño, pero si ese hueco pequeño lo cerramos con un material de oro, el agua bajará poco a poco. El samaritano no entendió la analogía y Rabí Meir le explicó: Poco a poco fue desbloqueando el hueco de abajo y el agua comenzó a caer luego lo bloqueo con un metal de plata y el agua seguía saliendo poco a poco y finalmente puso su dedo y no salió agua.

Los materiales duros no cerraron el hueco del agua por qué no lo selló herméticamente pero cuando introduje el dedo, que es suave, se ajustó al hueco y el agua dejó de caer, de esta forma las aguas de arriba se mantienen ahí sin caer. ¿Pero el samaritano replicó y cuál es el dedo que retiene el agua del cielo? Rabí Meir le respondió, yo solo soy un ser de carne y hueso y pude controlar esta agua, imagínate cómo será el dedo de Di-s, el cual es su boca, que creó sus palabras y sus palabras crearon el agua y todo el universo.

El samaritano regresó con una nueva pregunta: Está escrito en Yirmiyahu: Yo llenaré el cielo y la tierra con mi espíritu, ¿significa que no existe un lugar vacío de Di-s, como es posible entonces que Di-s habló con Moshé desde el Aron Hakodesh en el Tabernáculo? ¿Acaso se contrajo y solo lleno ese espacio?

Rabí Meir le respondió con un ejemplo de la vida diaria, tráeme dos espejos, uno cóncavo y uno convexo. Ambos giran en forma diferente haciendo que el objeto se vea más cerca o más lejos. Rabí Meir le pidió que se mirara en uno de los espejos y él vio su rostro más grande que normalmente y en el otro espejo se vio más pequeño. Ahora le dijo: ¿ves cómo tu rostro se ve completamente diferente a través de diferentes espejos? acaso tú físicamente cambiaste? ¿no eres la misma persona o acaso son dos percepciones diferentes? Así es Di-s, cuando él quiere, está en todo el universo y cuando él quiere, está solo para Moshe Rabeinu.

Las respuestas que Rabí Meir tenía para cada pregunta sobre Di-s impresionaba a todas las personas.

Una vez una de las reinas del mundo (aparentemente Cleopatra) le mandó a preguntar sobre la resurrección de los muertos y él contestó, que de acuerdo con el salmo 72: Hashem dijo: "Haya grano abundante en la tierra, sobre la cima de montañas; que su fruta susurre como los cedros del Líbano, y que gente florezca de la ciudad como la hierba de la tierra" y su significado es que los muertos despertarán como la grama que crece de la tierra, como la semilla que estaba enterrada en la tierra y de pronto germinó.

La reina seguía dudando, cómo es que nacerán de la tierra, saldrán con ropa, ¿se verán cómo se ven ahora? Y Rabí Meir le respondió, eso también lo aprendemos de la semilla del trigo, pasa por un proceso en la tierra, se descompone y se transforma hasta germinar, de esa forma los muertos, que son como una semilla que se entierra, se transformarán y saldrán de nuevo a la vida. Solo los Tzadikim saldrán vestidos. (Talmud Babilonia, Tratado Sanhedrin).

El controvertido maestro

En esta parte de la historia, vamos a agregar otro de los mas profundos secretos recientemente revelados sobre nuestro querido Rabino Meir.

Jerusalem, poco antes del año 70 de la era común, voces de alegrías se escuchaban en la casa de Abuya. El hijo del famoso millonario Abuya, acababa de nacer y un festín se preparaba con manjares, música y toda clase de lujos para festejar su Brit Milá.

Rabí Eliazar y Rabí Yoshua también se aproximaban a la casa donde se festejaba el acontecimiento. Abuya no solo era muy adinerado pero influyente, de manera que muchos invitaron se acercaron a su hogar.

Todos se preparaban para dar inicio a la ceremonia mientras que los músicos alegraban el ambiente y los mesoneros servían exóticos manjares.

De pronto Rabí Eliazar se percató que ya había pasado mucho tiempo y quería marcharse para continuar con sus estudios de Torá. Pensó, si me voy ya, heriré los sentimientos de Abuya, pero si me quedo en esta fiesta, ¿cómo podré estudiar Torá? Compartió sus pensamientos con Rabí Yoshua y decidieron aprovechar que la gente estaba muy distraída con la música y la comida y se apartaron del grupo y comenzaron a estudiar Torá. Su concentración se incrementó al máximo con el estudio de la Torá, al punto de que se olvidaron completamente de la fiesta. De pronto, fuego salió del cielo rodeándolos. Abuya y los otros invitados se asustaron mucho con el fuego que rodeaba a los dos grandes de la generación y les preguntó: ¿acaso ustedes vinieron aquí para quemar mi casa? Ellos volvieron en sí y se percataron que el fuego los rodeaba y calmaron a Abuya diciéndole, no vinimos a quemar tu casa, solo estamos sentados estudiando Jumash, luego pasamos a Neviim y Ketuvim (la Torá oral). Estos temas son tan felices, como el día que Di-s le entrego la Torá al pueblo judío, que fue entregada con fuego. Abuya respondió: si ese es el poder de la Torá, cuando mi hijo crezca, le dejaré que se dedique al estudio de la Torá. Los Rabinos le contestaron: la Guemará dice que por cuanto tus intenciones no son puras sino por ambición de poder, tu hijo no irá en el camino de la Torá sino por un mal camino.

Elisha, el hijo de Abuya, aún antes de nacer, cuando todavía estaba en proceso de gestación, percibió una visión de Avoda Zara (actos de idolatría) a través del vientre materno. Cuando su madre estaba embarazada, pasaba por un lugar donde se practicaban estos rituales, se detenía para observarlos. El olor que salía de ahí entró como un veneno de serpiente en la sangre a Elisha.

Elisha ben Abuya creció en un hogar donde se oía música griega constantemente, siendo esta clase de música perjudicial para el alma judía, él aprendió a dominar el griego y sintió curiosidad por los libros griegos de apíkores (de los ateos, que escribían en contra de la existencia del Creador) Talmud Yerushalmi Meguilá. 9. Su padre lo mandó a la casa de estudios de Torá desde que era muy pequeño y creció estudiando Torá. El escondía dentro de su cuerpo los otros libros, para leerlos cuando nadie se percatará. Elisha era muy inteligente, sabía mucha Torá, y cuando estaba concentrado, olvidaba todo lo que le rodeaba, incluso se le caían libros y no los recogía. Un día uno de sus compañeros le recogió el libro y se dio cuenta de la clase de libros que leía y todos se asustaron mucho (Jagiga 15b). Elisha se convirtió en un sabio, tanto sabía que hasta fue profesor de Rabí Meir.

Muchas cosas ocurrieron que fueron alejando a Elisha ben Abuya del camino de la Torá. Cada vez que una tragedia ocurría y él no sabía cómo explicar, recurría a estos libros en busca de respuesta. Su primera experiencia que hizo que Elisha dejará de tener Emuná (fe), ocurrió en el

Valle de Guinosar. Elisha estaba sentado leyendo la Torá y vio a una persona escalando un árbol. Esta persona quería agarrar del nido de un pájaro que estaba en el árbol, a uno de sus polluelos. Este hecho es opuesto a la Torá, por cuanto esta prescribe una obligación, llamada la mitzvá de Shiluaj Hakan / Espantar a la madre del nido antes de tomar sus pichones. El hombre tomó a uno de los polluelos sin espantar a la madre pájaro, bajó ileso del árbol y se marchó. Al día siguiente, Elisha se sentó nuevamente en el valle a estudiar Torá y observó que otra persona, se acercó al árbol a realizar la mitzvá, espantando a la madre pájaro, tal y como lo establece la Torá y al bajarse del árbol, una serpiente lo mordió y falleció. Este hecho incrementó las dudas sobre la fe en Elisha. Cómo era posible que, el que hace lo opuesto a lo previsto en la Torá sale ileso y al que lo hizo lo correcto, fallece en el acto, aún más, se dijo Elisha, esta es una mitzvá (un comando) que te ofrece como recompensa, larga vida. ¿Qué larga vida, se preguntó Elisha? ¡Este hombre murió haciendo una mitzvá! pero Elisha no sabía la respuesta a esta situación, Rabí Yaakov dice, "Muchos recompensas y larga vida, serán otorgadas en Olam Habá".

¿Que causó que Elisha Ben Abuya no supiera interpretar la ley? Estamos hablando de unos de los grandes sabios de la generación, que al igual que

Rabí Akiva, subieron al Pardes, es decir, conocieron todos los secretos del cielo. La verdadera respuesta a esta interrogante, la encontré en los libros de Rabí Kook (Rabí Abraham Itzjak Kook) quien explicó que, en aquella época, justo después de la destrucción del Segundo Templo, los judíos fueron exiliados (expulsados de la Tierra de Israel). Muy poca gente había quedado dentro de la Tierra y el pueblo judío, solo puede ser considerados como una nación, cuando se encuentran dentro de la Tierra de Israel, si están dispersos por el mundo, son considerados judíos con la nacionalidad respectiva del país a donde pertenecen. En ambos casos, nos encontramos frente a una Torá, que se aplica de forma diferente. Así, la recompensa por hacer la mitzvá de espantar a la madre pájaro para poder tomar los huevos o los polluelos, sin causar sufrimiento a la madre, otorga como recompensa larga vida, pero solo si somos "una nación que habita dentro de la Tierra de Israel", pero si dejamos de ser nación y estamos dispersos por el mundo, la recompensa de larga vida aplica en Olam Habá, es decir, en el mundo venidero. Explica Rabí Kook, justo después de la destrucción del templo, el mundo judío tomó un giro, pero ese giro fue tan rápido, que Elisha ben Abuya no lo logró captar y por tanto, interpreto mal la aplicación de la ley y eso lo condujo a dudar de la sagrada Torá.

Las dudas de Elisha se incrementaban cada vez más cuando presenció otro suceso, el vio un perro comiendo la lengua de un ser humano, y cuando se acercó para ver de cerca, vio que se trataba de la lengua de Rabí Yehuda, uno de los diez mártires del judaísmo, cuyo cuerpo yacía cerca de ahí. Elisha estaba sorprendido, ¿cómo puede esto pasar? ¿Esta es la Torá y esta es su recompensa? De esa lengua solo salían palabras de Torá, palabras dulces, palabras buenas, él era un gran Tzadik. Elisha concluyó que no hay recompensas por estudiar Torá y que no va a haber tampoco resurrección de los muertos, Di-s no lo permita, pero nosotros sabemos, que la Torá nos salva de la mala inclinación y ella no le salvó a Elisha después de todos sus estudios.

La Baraita de la Guemará, que habla de los cuatro Rabinos que subieron al pardes (al paraíso), a saber, Ben Azzai (quien murió), Ben Zoma, quien se volvió loco, Elisha (que rompió las plantas y se volvió ateo) y Akiva (que entró en paz y salió en paz), es explicada Tosafot, de la siguiente forma: en realidad los cuatro sabios "no subieron, pero parecía como si subían." Los viajes espirituales son experimentados por personas de un alma muy elevada. "Elisha contempló el interior de los cielos", pero "él destruyó las plantas del jardín celestial". El Talmud da dos interpretaciones diferentes de esta última frase. El Talmud babilónico dice: ¿Cuál es el significado de que "Ajer (Elisha, el otro) destruyó las plantas"? De él se dice en las Escrituras: "No dejes que tu boca haga que su carne peque" ¿Qué quiere decir esto? "Ajer", pudo ver que al ángel Metat (_rón) (cuyo nombre, al igual que el nombre de Hashem, no se deben pronunciar en vano) le fue otorgada la autoridad para sentarse mientras iba escribiendo los méritos de Israel y se dijo así mismo: "Se nos ha enseñado que en el cielo no hay la posibilidad de sentarse, (por eso se les llaman a los ángeles: parados) entonces, tal vez, pensó, hay Di-s no lo quiera, ¡dos poderes supremos!". Él fue llevado inmediatamente ante este ángel y el ángel fue golpeado con sesenta bandas de fuego y autoridad le fue otorgada al gran ángel de Di-s, para borrar los méritos de Ajer. Según la Guemará (Jaguiga 14b) las 60 bandas de fuego fueron una ilusión para hacer entender a Elisha que cometió un error al confundir al Creador con el ángel y el ángel fue "simbólicamente castigado" por no haberse parado y haberle causado confusión en Elisha. Inmediatamente una voz celestial se escuchó que decía: "Arrepentíos, hijos rebeldes, todos a excepción de Ajer". Existe una segunda explicación cabalística, que dice, que Elisha conocía los secretos del cielo, y no quería transmitirlos y en ese sentido, rompió las plantas, rompiendo así la cadena de enseñanzas de los secretos del cielo.

Elisha ben Abuya "Ajer", también estudió los escritos de los saduceos. Él estaba cumpliendo 70 años cuando su amigo y estudiante Rabí Meir se volvió famoso.

Rabí Meir recibió el nombre de Nehamia cuando nació, cuando se percataron los sabios de la luz que poseía que iluminaba la mente de los sabios, le cambiaron el nombre a Meir (en Israel) y Nehorai (en Babilonia) que significa iluminador.

En la séptima generación desde la creación del mundo, existió un personaje llamado JANOJ. El era un gran santo entre la malvada de las primeras generaciones que condujo a Di-s a resetear el mundo con el diluvio. El tenia mente débil, es decir, podía haberse dejado influenciar fácilmente por la generación, asi que Di-s lo saco vivo del mundo y lo llevo al cielo transformado en un ángel. Ahí se convirtió en el jefe de los ángeles que lleva los rezos a Di-s. Su nombre ahora en METAT (Metatr..o...n). Igual ocurrió con Pinjas el nieto de Aaron (de la historia que ya contamos) que se convirtió en el profeta Eliyahu, a quien también Hashem se lo llevo vivo al cielo, ahora con el nombre de Sandalf..o...n...(no pronunciamos nombres de ángeles, especialmente estos dos tan elevados).

Entre todas las chispas de almas que lleva Rabí Meir, una de las mas importantes es la del ángel Metat.

Sabemos que ángeles y seres humanos pertenecen a diferentes mundos. Los ángeles al mundo de Yetzira y los humanos al mundo de Asiya, por tanto, uno no puede reencarnar en otro, sin embargo, estos dos ángel originalmente humanos, para cumplir una función específica, si pudieran regresar al nivel de un ser humano.

Cuando Elisha ve a su maestro (Pardes) se queda trastornado, como un ángel parado está sentado y rompe las plantas, se aleja.

Los ángeles en general, se niegan a llevar los rezos de los humanos a Di-s porque lo comparan con sus propios rezos y se molestan del nivel tan bajo como los humanos se dirigen al Creador, por tanto Di-s nombro jefe de ángeles a dos humanos, y ahora "Sandalf..o...n..." recoge los rezos de los humanos y "Metatr..o...n" los eleva al Creador bendito sea su nombre.

Si Rabí Meir fue la reencarnación de este ángel, con fuerza para combatir las fuerzas negativas de la klipa de Esav, también puede hacer milagros de todo tipo, puesto que es El mismo quien lleva los rezos al Creador.

Por eso millones de personas reciben milagros por sus méritos.

-También por eso es el único ser en el mundo del judaísmo a quien le fue permitido estar enterrado parado (según su última voluntad).

-Al mismo tiempo Rabí Meir repara la debilidad mental de Janoj, puesto que la mente del Tzadik era tan fuerte que penetraba en las mentes de los que lo rodeaban.

-Otro de los puntos más beneficiosos de obtener un milagro a través de los méritos de Rabí Meir, es que cuando la persona recibe un milagro, este se le descuenta de sus méritos personales. Hay cosas que son de la persona y son intransferibles, como un BEN TORÁ (un hijo de la Torá, un estudioso adquirió los conocimientos y le pertenece) un hijo de su padre (Yosef BEN Yaakov) este título también es intransferible, pero hay cosas que, si son transferibles, ellas llevan el título de BAAL, "dueño de" el esposo es el Baal, pero si se casa con otro, el titulo se transfiere al nuevo esposo o BAAL HANES, el dueño de los milagros, porque Rabí Meir podía transferir el milagro a la persona, es decir, el milagro no se le va a descontar porque lo recibe de forma milagrosa, sin que se den cuenta, como si fuera de la naturaleza, ejemplo, rezaste para sanación y de pronto el doctor encontró la cura o de pronto recordaste donde dejastes el objeto perdido, etc.

Un buen final es mejor que un mal comienzo.

Ha llegado la reina Shabat, paz y armonía en todo el lugar. El mejor día para descansar, estudiar Torá, comer con la familia y rezar en la sinagoga. Como ya era costumbre, Rabí Meir se encontraba sentado en la casa de estudios, impartiendo sus charlas semanales, narrando a todos sus oyentes sus interesantes historias y fábulas de animales. Todos prestaban atención, solo la voz de Rabí Meir reinaba en el ambiente. De pronto se escuchó el galopar de un caballo. ¿Será posible? ¡Es Shabat! ¿Será una emergencia? ¿Tal vez un soldado romano con algún otro mensaje no deseado? Rabí Meir, continuaba con su Drasha (su discurso) como si nada y la gente seguía inquietamente escuchándolo. Una persona entró a la sinagoga e interrumpió a Rabí Meir diciéndole, que su Rabino se encontraba afuera. Rabí Meir paró de hablar, se excusó y salió de la sinagoga para saludar a su Rabino Elisha Ben Abuya, quien vino a conversar con él. Elisha siempre tenía un interesante Divrei Torá, porque sus niveles de conocimientos de Torá eran muy altos por tanto sus conversaciones de Torá también lo eran. Elisha nunca entraba al interior de la sinagoga, ni siquiera se sentaba afuera, él se quedaba en su silla del caballo, galopaba fuerte, levantando polvo de la tierra. Elisha le preguntó, ¿de qué hablabas hoy en la sinagoga? y Rabí Meir respondió que estaba hablando sobre Iyov (Job), le estaba explicando a la gente como Di-s había bendecido a Iyov, en su final, gracias a su principio. Elisha le preguntó, ¿cuál es la novedad ahí? Rabí Meir le dijo que en Iyov está escrito, que Hashem recompensó a Iyov con más de lo que originalmente tenía. En la historia de Iyov vemos como este fiel gentil, que amaba inmensamente a Di-s, fue puesto a prueba y su fe nunca descendió a pesar de las tragedias ocurridas. Elisha le dijo que no ha habido más nadie en este mundo que se le parezca tanto a Iyov, como su Rabino, Rabí Akiva y ni él mismo daba charlas tan buenas como él. Rabí Akiva, explicaba el capítulo de Iyov en una forma muy diferente, que Di-s bendijo a Iyov desde el principio hasta el final, porque sus mitzvot eran muy buenas e hizo esas obras buenas cuando él era rico y tenía mucho honor.

Bien, continuemos, exclamó Elisha, ¿qué más enseñaste hoy? Les conté como "un buen final, es mucho mejor que un buen comienzo". Rabí Meir se explicó a través de una parábola. Un hombre tenía un hijo que falleció cuando era joven y luego tuvo otro y cuando se acercaba su vejez, tuvo otro hijo más que vivió con él y lo cuidó hasta sus últimos días. En otra parábola, le contó de la suerte de un vendedor, quien en su juventud perdió todo su negocio y cuando fue mayor, tuvo el mismo negocio y triunfó. Transportando estas parábolas al mundo de la Torá, aprendemos que cuando un joven trabaja muy duro para entender el significado de la Torá, pero falla y comienza a olvidarla pero cuando envejece, comienza de nuevo a estudiar Torá y esta Torá le entra profundamente en su cerebro y su corazón y ese es precisamente el verdadero significado de las palabras: "es mejor un buen final que un buen principio". Elisha escuchó a su alumno y le dijo, lo siento, pero tu Rabino decía otra cosa, Rabí Akiva decía que según la forma como empiezas algo, así será cómo terminará, ósea que, si la intención fue buena, pusiste kavana y lo hicisteis por amor al Creador, el final siempre será bueno, pero si al principio no hubo kavana (la intención), el final tampoco será bueno. Elisha hablaba de sí mismo, porque él leyó y estudió mucha Torá, pero su intención no fue pura desde el principio. Rabí Meir continuó con el siguiente punto: El valor de la Torá es como valor del oro y del vidrio, porque es difícil obtener los conocimientos de la Torá, tal como es difícil obtener oro por su alto valor, pero es fácil perder los conceptos de la Torá, porque al igual que el vidrio, se cae y se rompe y ya no hay forma de usarlo. Sin embargo, si derrites los pedazos rotos de vidrio en el fuego, puedes fundirlos y hacer una nueva pieza de vidrio y solo así lo podrás volver a usar. Es así como la teshuvá y volver a estudiar, te acercará de nuevo a la Torá. Aquí Rabí Meir hablaba directo al corazón de su maestro, Rabí Elisha, quien, aun cuando había dejado de estudiar Torá, podría recuperar sus conocimientos y amor a la Torá y hacer teshuvá y retornar al camino de Di-s. Esa era la conversación entre los dos Rabinos, en plena ciudad, en pleno Shabat, en plena oscuridad y Rabí Meir caminaba tras él y les respondía a todas sus preguntas. Elisha le dijo a Rabí Meir, ¡detente! no camines más, solo hasta aquí puedes caminar, no pases el borde del límite de lo permitido para caminar en Shabat, ya tienes que volver. Rabí Meir se sorprendió. Como sabes que ya llegamos al límite del borde, ¿sino hemos calculado el camino desde que salimos hasta acá? Por los pasos del caballo, respondió Elisha, lo sé, porque yo conté los pasos del caballo desde que salimos y ya hicimos los 2000 pasos permitidos.

Rabí Meir estaba bien impresionado de Elisha, tú me respondisteis con tanta profundidad, y estabas contando los pasos al mismo tiempo sin confundirte, tú eres un genio, regresa por favor al buen camino. Elisha le respondió, yo nunca podré hacer teshuvá, las puertas del arrepentimiento están cerradas para mí. Una vez pasé cerca de una sinagoga en Yom Kipur que cayó en Shabat, prosiguió Elisha, yo fui con mi caballo, yo violé ese día sagrado y escuché una voz que salía el cielo, que decía regresen hijos, todos menos Elisha ben Abuya, que él sabe mi poder y aun así es rebelde. Rabí Meir no sentía descanso en su alma, necesitaba hacerlo regresar. Necesitaba mostrarle su equivocación y que Hakadosh Baruj Hu si quería su teshuvá. Después de insistir mucho con él, logró convencerlo de entrar al Beit Midrash y preguntar al primer niño que vean, ¿qué aprendisteis hoy en el colegio? y así encontrarán una respuesta. Comenzaron a regresar y entraron a la sinagoga más cercana y le preguntaron a un niño, dime joven, ¿qué te enseñaron hoy en el colegio? Y el niño respondió: "Di-s dice: que no habrá paz para los reshaim" (los malvados). Se trata de un capítulo del profeta Isaías que a Rabí Meir no le gustaba, porque ese es justo un capítulo que no trae esperanzas para ser usado en beneficio de la teshuvá. Siguieron a otro Beit Midrash y preguntaron a otro niño: que aprendisteis hoy en el colegio y el niño respondió: "los hijos de Israel estaban ocupados lavando la ropa de la sangre, luego de la guerra y los asesinatos, pero el profeta, les dice: aun cuando lavan la sangre de la ropa, eso no les servirá, porque Hashem también podrá ver la sangre de la ropa". Nuevamente recibieron un claro mensaje que la puerta de la teshuvá estaba cerrada para Elisha. Fueron en total a trece sinagogas diferentes y en cada una de ellas recibían un mensaje similar. El treceavo niño, era un niño que tenía problemas de comunicación, era tartamudo, y cuando le preguntaron él no respondió muy bien, por su problema, él quería decir, que a los malvados Hashem les pregunta, ¿cómo pueden hablar de mis leyes? y en vez de decir al rashá, dijo a Elisha, y Elisha no quiso continuar y estaba muy herido y dijo, si tuviera ahora un cuchillo en mis manos mataría a ese niño, su palabra causó, que el mismo se cortaba la vida de este mundo.

Hacer teshuvá es como subir una escalera mecánica que va en bajada, si subes un poco y te paras, vuelves a bajar, si subes muy lento, siempre volverás a bajar y si subes rápido y sin parar, llegarás a la meta. Elisha ben Abuya era un gigante en Torá y se alejó del camino, por eso Di-s le cerró las puertas del arrepentimiento. Sin embargo, nunca estuvieron totalmente cerradas, solo que perdió su Siyata Dishmaya (ayuda divina), porque para las personas que tienen oportunidad de arrepentirse y regresar, una y otra vez y no lo hacen, al final las puertas de la teshuvá se van cerrando. Cuando una persona tiene la oportunidad de regresar al camino de la Torá, Di-s le abre todas las puertas y le manda la gente apropiada para ayudarlo. Si no toma esa oportunidad, la siguiente vez que lo intente, recibirá menos ayuda del cielo. La siguiente vez que trata, son aún menores las posibilidades de recibir esa ayuda divina, hasta que finalmente, lo aleinu, se va de este mundo sin haber entrado en el camino de la Torá. La Torá es un libro de instrucciones y es un regalo que Di-s le entregó a su pueblo. Seguir esas instrucciones nos garantiza felicidad en este mundo y en el mundo por venir. Cuando venga Mashíaj todas las naciones del mundo también se apegaban a la Torá y al único Di-s del mundo.

Comiendo Granadas

Elisha Ben Abuya ha perdido el camino. La gente se alejaba de él, excepto Rabí Meir. En Guemará, nuestros sabios se cuestionaban, como Rabí Meir estudiaba Torá de un apíkores (un herético), porque como bien sabemos, un Rabino que enseña Torá debe de ser como un ángel. Los sabios Tanaitas querían encontrar una defensa para tal actitud, fue un Gadol (gigante en Torá), un hombre muy santo, muy especial y comenzaron a citar algunos ejemplos en la Torá que podrían ser la base para la justificación, así, en Mishlei (proverbios), capítulo 22, número 17, está escrito: Inclina tu oído y escuchen las palabras de los sabios y pon tu corazón a mi sabiduría y así entenderás mejor mi opinión. ¿Por qué mi opinión y no la suya? de ahí aprendemos que se puede oír y aprender palabras de los sabios, aunque ellos no sean justos y hacer estrictamente conforme a las palabras de Di-s. Rabí Meir tenía la capacidad de filtrar lo bueno de lo malo y quedarse solo con lo bueno.

Rabí Janania, citó el capítulo 45 de Tehilim (salmos): Escucha, hijo, presta atención e inclina tu oído; ¡olvídate de tu pueblo y de la casa de tu padre! Rabí Janania explicó, escucha hija se refiere al permiso de escuchar el discurso de los malvados, pero olvida las palabras malas de ellos y no aprendas de ellos. Por eso Rabí Meir era muy cuidadoso de no aprender las cosas malas de él. La Guemará dice que esta situación es extremadamente difícil y hasta suena contradictorio, si tu Rabino es como un ángel, tú le pedirás que te hable de Torá, esta es una disposición de carácter general para todas las personas, simples, grandes o pequeñas, pero cuando alguien que está muy claro consigo mismo y sabe cuidarse, no va a influenciarse por los reshaim (los malvados), tienen permiso de escuchar de ellos. Se trata de personas muy fuertes espiritualmente y por eso Rabí Meir tuvo permiso especial para estudiar de Elisha. Los Rabanim que estaban en Babel opinaban así y los Rabanim de Eretz Israel lo comparaban con alguien que está comiendo un dátil, come la carne dulce y bota la semilla. Los estudiosos de Torá que se van fuera del camino son como las nueces, porque aun cuando la nuez esta fea o sucia por fuera, puedes comer la nuez por dentro. Sin embargo, en Shamaim, en el cielo, no se estudiaban las palabras sabias de Torá de Rabí Meir, por cuanto su maestro no era agraciado arriba, entonces, Rabí Bar Shila, que podía hablar con Eliyahu Hanavi, estaba muy sorprendido y le preguntó: cómo es posible que en Shamaim no ponen atención a las palabras de Rabí Meir, él es uno de los más grandes de la generación y Eliahu respondió que realmente no hay problemas con Rabí Meir ni con su Torá, pero que arriba, tienen mucho cuidado con sus palabras, por cuanto el estudio de Elisha, pero Rabí Bar Shila lo defendió diciendo, que Rabí Meir encontró una granada y sabía cómo comer la fruta y botar las semillas. Eliyahu le respondió, estás totalmente en lo cierto y tus palabras están siendo aceptadas en el cielo y ahora en este momento Hakadosh Baruj Hu está diciendo: "Rabí Meir es mi hijo".

Arrepentimiento

El fin de sus días se aproximaba. Elisha estaba muy enfermo, ni siquiera podía salir de su casa. Las personas se apresuraron para avisarle a Rabí Meir, antes de que sea muy tarde, quien corrió a la casa de su maestro. Sus ojos estaban muy apagados, y era la oportunidad perfecta para convencerlo de que haga teshuvá y deje este mundo como un Tzadik y poder así obtener Olam Habá (su porción en el mundo venidero). Rabí Meir le preguntó si estaba listo para hacer teshuvá. Elisha, con toda su enfermedad y debilidad, le respondió que no cree que estando al borde de su muerte e incapacidad para cometer algún pecado adicional, su arrepentimiento sea aceptado por la corte celestial. ¿Qué clase de teshuvá sería esta? ¿Acaso habrá algún chance de arrepentirse ahora? ¿No recuerdas que las puertas de la teshuvá están cerradas para mí? Rabí Meir le citó las palabras del salmo 90, que cuando el hombre está a punto de trituración, se le dice: "Vuelve oh, hijo de los hombres". Lo que significa que cuando la persona siente en su alma pena, depresión y hasta la muerte cercana, se le dice al hombre que vuelva y Hashem lo acepta. En ese momento Elisha Ben Abuya comenzó a llorar y mientras las lágrimas caían de sus ojos, su alma retornó al Eterno. Rabí

Meir dijo, mi maestro murió haciendo teshuvá. El alma de Elisha subió al cielo y comenzó a ser juzgado en Shamaim, comenzaron a juzgar todos sus actos, los buenos y los malos y no llegaban a ninguna decisión. La situación era difícil ¿iría al Guehinom (infierno) o a shamaim (cielo)? Este era un caso muy especial, se trataba de un estudioso de Torá, que incorporó nuevas opiniones, aportó mucho al judaísmo, lo que le concede un puesto en Gan Edén, pero por otra parte se había alejado del camino, dejó de cumplir Shabat y Yom kipur, por lo que debería de ser castigado en el Guehinom. Pero ¿cómo mandar al Guehinom a un estudioso de Torá? Su alma no encontraba un lugar apropiado, estaba como suspendida, por tanto, tampoco encontraba descanso. Rabí Meir sabía lo que pasaba y quería ayudarlo, él fue su Rabino y en ese estado el alma tiene un sufrimiento impresionante. Es preferible que su alma se purifique en los fuegos del Guehinom para después ingresar al Gan Edén y eventualmente ganar su porción en Olam Habá. ¿Cómo hacer que el Beit Din Shel Lemala (el tribunal celestial) haga lo que él quería? Rabí Meir decidió que cuando su hora llegará para dejar este mundo, él lo pediría en persona. Y así ocurrió, cuando Rabí Meir murió, humo salió de la tumba de su maestro formando una nube, lo que probó que Elisha al fin podía purificar su alma. Sin embargo, Rabí Yojanan dijo: ¿qué clase de héroe es aquel que quema el alma de su maestro que le enseñó Torá? ¿Qué clase de favor le hizo a su maestro llevándolo al Guehinom?

Muchas personas estaban en el Beit Midrash escuchando las palabras de Rabí Yojanan, cuando dijo: ¿quién me parara para sacar el alma de Elisha del Guehinom y traerlo a Gan Edén? y fue así como prometió que cuando él se muera el mismo se ocupará de Elisha ben Abuya y él hará que el humo desaparezca de su tumba. Rabí Yojanan murió y pocos días después, el fuego y el humo desaparecieron de la tumba de Elisha y la gente lloró de emoción al saber que Rabí Yojanan cumplió con su promesa. La gente decía qué grande era Rabí Yojanan. Elisha ben Abuya ganó, su alma logró llegar a Gan Edén, gracias al esfuerzo conjunto dos grandes sabios de la generación, Rabí Yojanan y su querido alumno Rabí Meir, puesto que, si su alma no se hubiese purificado previamente, nunca podría haber entrado al Gan Edén.

La muerte del Tzadik

En la ciudad de Hila, Irak, una gran luz, se encontraba en su lecho de su muerte, completamente solo, sin estudiantes, sin hijos y sin una sola persona a su alrededor. En ese preciso lugar de Asia y en completa soledad, falleció Rabí Meir, entregando su alma al Creador a la edad de 120 años. En esos mismos momentos, en Eretz Israel los sabios sintieron su muerte, lo supieron sin haber sido notificados y mandaron un mensaje a la comunidad judía de Irak, para que lo busquen y se ocupen de él. Rabí Meir había dejado una carta con su última voluntad, pidió que le comuniquen a la gente de Eretz Israel, que él quería ser enterrado parado en la Tierra Santa y para ello tenían que poner su cuerpo en un cofín y arrojarlo al mar. Rabí Meir decía que Eretz Israel es la fuente de los 7 océanos y por tanto la playa de Asia Menor donde debían colocar su cofín, se conectaba con las aguas de la Tierra de Israel y el mar iba a encontrar el camino para llevarlo al lugar deseado. Así lo hicieron conforme a su voluntad y su cuerpo llegó a Eretz Israel. El dueño de los milagros se aseguró que su cuerpo llegara a través de los mares a la Tierra sagrada y que al llegar los rabinos recogieran el cofín de Rabí Meir y lo llevaran a Tiberias, frente al lago Kinéret que también se llama el Mar Kinéret, en donde reposan sus restos hasta hoy día y lo enterraran de pie, aun cuando va en contra de la ley judía, sin embargo, el alma del rabino fue algo muy grande, tan grande como un ángel, el más grande de todos.

"Cuando una luminaria de santidad se apaga en el mundo, queda dolorido el cielo y la tierra". La carta culmina con unas palabras muy profundas, que realmente nadie entendió hasta que siglos más tarde, el Arizal (el famoso mecubalista de Tzfat) reveló su significado y cambió toda la perspectiva y todo lo que creíamos que sabíamos sobre el santo Rabí Meir...

Protección Eterna

Enero 1, 1837 un gran sismo magnitud 6.5 sacudió el norte de Israel, cientos de casas, especialmente en la ciudad de Tzfat (Safed) se destruyeron y quedaron enterradas entre los escombros. Pero este fue uno de los tantos terremotos que habían afectado el área. La llamada fractura Levant que ha ido transformando el Mar Muerto en conjunto con la falla de Yammouneh (al norte del Líbano) ha traído terremotos fuertes, pero poco frecuentes y gracias a Di-s en último siglo (desde que comenzaron a regresar masivamente los judíos) ha estado muy tranquilo. Otro de los fuertes terremotos que sacudió el norte de Eretz Israel fue en 1337, que ocasionó que la estructura donde estaba enterrado Rabí Meir, quedará totalmente cubierta por los escombros. Pasaron muchos años y cierto día un pastor de ovejas, pastoreando a sus animales, los llevó a un lugar donde había mucho pasto. Después del terremoto la tierra del norte comenzó a producir vegetales y pasto de muy buena calidad y mucha gente se trasladó al norte del país. El pastor se quedó dormido y en sus sueños se le apareció un hombre viejo de barba blanca con un rostro muy iluminado quien le dijo, el lugar donde reposas no es un sitio vacío, es mi tumba y estás sentado sobre ella. El pastor se levantó y corrió a donde los Rabinos de la ciudad y les contó su sueño. La descripción del anciano aparentaba ser la de Rabí Meir, pero ellos dudaron de la veracidad del sueño ya que, pensaron, porque un hombre tan simple como este pastor, pudiera tener un sueño con un Tzadik tan grande. Aparte nadie sabía dónde había estado el último lugar de Rabí Meir. Solo el Arizal, sería capaz de saber los lugares de entierro de los Tzadikim. Ari Hakadosh había dicho que los únicos testigos que teníamos de la tumba de Rabí Meir, eran dos pilares altos y de encontrarlos, estos serían las señales de que ahí estaba enterrado Rabí Meir. Así que decidieron enviar a profesionales para que hagan huecos en el piso y apenas comenzaron las excavaciones, encontraron los famosos pilares que rodeaban la tumba de Rabí Meir. Poco tiempo después de este descubrimiento, el pastor falleció. A Rabí Meir lo habían enterrado parado, lo cual no es algo aceptado en el judaísmo. Rabí Joseph Haim el "Ben Ish Hay" explicó, que esta forma de ser enterrado fue para dar máxima protección a esa generación y a las otras generaciones que vendrían detrás de él. En realidad, todos los santos dan esa protección, todavía no se había revelado estos misterios para esa época.

Aparte de esta razón, se decía que Rabí Meir quería que lo enterasen de pie, "para poder recibir a Mashíaj de pie y darle la bienvenida".

Ahora conocemos un poco más de él.

Cuando un gran Tzadik vive en una ciudad, la ciudad entera está protegida pero cuando fallece, queda desamparada, pero el alma de un Tzadik muy grande, como Rabí Meir, puede seguir protegiendo a las sucesivas generaciones, por el Zejut que él tiene (por sus méritos) y esto se compara con un árbol con raíces muy fuertes penetradas en el suelo, que da frutos y por ese motivo aceptaron su voluntad de enterrarlo de pie, para que continúe parado como un árbol firme.

Tras el descubrimiento del lugar donde estaba enterrado Rabí Meir bajo los escombros, los residentes de Tiberias procedieron a limpiar el sitio y encontraron una roca muy grande y diferente a las otras y esa era la piedra de la tumba de Rabí Meir. El segundo día de Adar Alef fue un gran día de celebración para Tiberias. Los dos pilares eran extremadamente pesados para levantar, un grupo de 50 voluntarios, trabajaron arduamente y solo lograron poner de pie uno de los pilares y casi al finalizar el día, agotados y sin fuerza, se dieron cuenta que no podrían continuar trabajando y decidieron posponer el trabajo para el día siguiente, con mucho pesar porque no querían dejar la Tumba sin sus dos pilares levantados.

Pero de pronto, un gran ruido estremeció toda la ciudad, como el sonido de un trueno o tal vez ¿acaso otro terremoto? la gente comenzó a correr despavorida, pero inmediatamente se relajaron cuando se percataron que la tierra no se movía y el segundo pilar se movió solo, quedando parado al lado del primero, en la posición correcta en que originalmente estaba. Un verdadero milagro y todos aplaudieron, cantaron y se regocijaron. Cinco sabios firmaron un documento como testigos de este milagroso evento.

El Tzadik Rabí Meir, tendría de nuevo su lugar de reposo en la tierra, en el mismo lugar y su luz seguirá brillando en Tiberias. En 1742 Rabí Jaim Abulafia se movió a Tiberias y mandó a construir una estructura encima de la Tumba de Rabí Meir y dio instrucciones que cualquier donativo que se realice, deberá ser en beneficio de los estudiantes de Torá de Tiberias. Posteriormente, en 1867, se construyó la actual estructura que cubre la Tumba de Meir, con dos colel (casa de estudios) y dos sinagogas, una sefaradí y una askenazi. Durante la edificación de la actual sinagoga askenazi, los dos pilares de piedra se removieron y justo ahí debajo se encontró la tumba de Rabí Meir y mientras hacían renovaciones, la tumba de sus dos estudiantes fueron descubiertas.

Elokai De Meir Aneni

Después de la festividad de Pesaj, en plena primavera de Israel, en el camino hacia Tiberias, cientos de carros privados y autobuses, se dirigen a Tiberias, a la Hilulá de Rabí Meir, la cual se celebra en el 14 de Iyar, que es también el día de Pesaj Hasheni.

Todos conocen el camino a Tiberias y especialmente el lugar de Rabí Meir. Cuando manejas por el viejo Tiberias, puedes ver dos pilares con luz, este edificio con una kipá grande blanca, en la entrada de la vieja ciudad, cerca del lago Kinéret y las aguas calientes minerales. Uno de los edificios es el Beit Knesset Sefaradí y el otro el Beit Knesset Askenazi. Así que siempre se puede ver toda clase de judíos en este área, religiosos o no religiosos, jasídicos, haredi, dati leumi, sefaradíes, askenazis, locales, turistas, viejos, jóvenes, ricos, pobres, etc. El corazón judío late y se alegra cuando ve toda clase de judíos juntos en un lugar tan santo, se siente la Kedushá del lugar y ves las luces de las velas, rezos, confesiones, lágrimas y gente con sus cabezas recostadas en la tumba y gritando: Elokai De Meir Aneni, lágrimas salen de los ojos de los participantes, lágrimas de alegría y de Emuná (fe). Muchas personas que recibieron ayuda de Rabí Meir, vienen a dar las gracias a Di-s que por los méritos del Tzadik recibieron su salvación. Si algún judío en Galut (la diáspora) tiene sufrimientos y problemas y no puede hacer aliyah (emigrar/ascender) a Eretz Hakodesh, la Tierra Sagrada, a veces ni siquiera puede visitarla, puede expresar sus sentimientos a través de una Tzedaká a la alcancía de Rabí Meir, pedir al Creador por la solución de sus problemas, prometer caridad para los pobres de la

Tierra de Israel, prender una vela al Tzadik y decir dos veces "ELOKAI DE MEIR ANENI" (la letra K se pronunciara como una jota). Es preciso hacerlo al poco tiempo de haber perdido el objeto que se intenta recuperar o de saberse del problema por el cual se le pide al Tzadik que interceda, porque el Tzadik protege el objeto perdido o la persona necesitada de la salvación. La mejor comunicación, es la directa con el Creador y, esto no puede ser reemplazado por nada, pero también es bueno confiar en los tzadikim, porque ellos son los ojos de Di-s, ellos tienen muchos más méritos que nosotros, ellos son los representantes de Hashem y Di-s los ama y siempre escucha sus rezos y cumple sus peticiones.

El Ben Ish Hai aprobó esta práctica, en nombre de Rabí Menajem Ararya de Parno, y ratificada posteriormente por el Maran Ovadia Yosef, y establecieron, que si un judío, se encuentra, lo aleinu, en una situación de crisis, tendrá que decir ELOKAI DE MEIR ANENI (no de rabí Meir, solo DE MEIR y se escribe K para no escribir el santo nombre de Di-s en vano, pero cuando Ud. haga la petición, tenga presente la pronunciación correcta), prender una vela para la memoria del Tzadik, y ofrecer tzedaká para la Yeshiva de Tiberias y/o los pobres de Israel, en nombre de los méritos de Rabí Meir Baal Hanes.

¿Puede un no judío invocar la ayuda y protección del Tzadik? Sin la menor duda, en efecto se dé muchísimos casos que lo hicieron y sus necesidades fueron respondidas inmediatamente, solo recuerde que usted está acudiendo al Di-s de Israel, el Creador del universo y el santo judío es solo un intermediario entre usted y Hakadosh Baruj Hu. Si está en Israel, puede ir directamente al kotel (el muro de los lamentos) contacto directo con El Creador. Igualmente, la caridad que realice deberá mandarla a Israel tal y como es la costumbre (incluso por internet) pero si le es imposible, alguna organización judía en su localidad.

En los Sifrei Torá (rollos de Torá) escritos por Rabí Meir, había una diferencia con los otros (aun cuando sabemos que ni siquiera una letra puede ser cambiada). La diferencia la encontramos en Bereshit: Cuando Hashem creó a Adam ha Rishon y le puso ropa, Rabí Meir escribió la palabra Luz "OR" con la letra Ayn y no con Alef y solo en sus Rollos de Torá fue permitido este cambio, pero no en ningún otro Sefer Torá más. Y eso es porque los libros de Rabí Meir fueron hechos con luz (OR). La yeshivá Or Torá, fue siempre una gran luz para la ciudad de Tiberias y habían mandado noticias a toda la ciudad, avisando que la construcción de la sinagoga en nombre de Rabí Meir se estaría construyendo. El Janucá Bait (la inauguración) se efectuó el 14 de Iyar y miles de personas participaron de este gran día y mientras celebraban surgió la idea de hacerlo cada año, en esta misma fecha y fue así como quedó establecido esta fecha para la celebración de la Hilulá de Rabí Meir y porqué además, el mismo día es la Hilulá de Rabí Yehuda Bar Ilai, que está muy cerca (en Tzfat), cueva sagrada que todos visitan como una segulá (remedio espiritual) para pedir ayuda a Di-s, por los méritos del Tzadik con la parnasa (el sustento) y el 18 de Iyar, miles y miles de judíos participan de la Hilulá de Rabí Shimón Bar Yojai, que se encuentra en Merón, también muy cerca de Tiberias y que coincide con la celebración de Lag BaOmer, así, se pensó, unos días antes, pasan por Tiberias y continúan hacia Merón, otorgando al pueblo judío el gran Zejut de estar en los tres lugares, en estas fechas tan importantes.

Además de esto, el 14 de Iyar (que es Pesaj Sheni) nunca cae en Shabat y ese día, por ser festivo, no se dice tajanun (la confesión), así que resultó ser el día ideal para celebrar la Hilulá de Rabí Meir. Mucho Zejut tiene Rabí Meir, generación de Guedolim (los grandes de la Torá) grande entre los grandes.

Desde el día 28 del Omer (que es el 14 de Iyar, Pesaj Sheni) hasta el día 35 del Omer, las puertas del cielo están abiertas para pedir a Bore Olam por parnasa (manutención), salud, shiduj (pareja) y lo que necesite. Eso es debido a que muchos de los grandes Tzadikim, dejaron este mundo físico durante el mes de Iyar, y entre ellos hay 5 que fallecieron en ese periodo de tiempo y ejercen mucha influencia en shamaim (en los cielos). Es bueno leer parashá Hamán todos estos días, así como Nishmat kol jai.

Estos Tzadikim son:

14 de Iyar Rabí Meir Baal Hanes
14 de Iyar Rabí Yehuda bar Ilai
18 de Iyar Rabí Shimon bar Yojai
18 de Iyar Rabí Menajem Mendel mi Rimanov
26 de Iyar Rabí Isaac de Homil

Segulá para hacer el día de la Hilulá de Rabí Meir Baal Hanes. 14 de Iyar.

Encienda una vela grande, mínimo de 24 horas (o aceite) para la neshamá de Rabí Meir Baal Hanes, ponga 3 monedas en una cajita de tzedaká, y diga lo siguiente:

Hareni mitnadvedet tzedaká leilu Nishmat

Rabí Meir Baal Hanes,

" Elokai De Meir Aneni " (repetir esta línea 2 veces).
*Seria propicio aclarar que algunas veces será repetido dos veces y otras tres veces. Si se trata de objetos perdidos, miedos, temores, dígalo tres veces, si se trata de protección contra peligros, o necesidad de parnasa (o cualquier otro problema que impida la abundancia, la shefa bajar) dígalo dos veces, para combatir a la klipa Kelev).

-Agarre un libro de Tehilim y abra cualquier página y el salmo que le tocó, deberá recitarlo.

Hable con Rabí Meir, su Zejut es inmenso, él puede anteceder por Ud. ante HKBH.

Puede encender otra vela a Rabí Yehuda Bar Ilai, puesto que ese mismo día es su Hilulá.

No olvide comer Matzá, porque es Pesaj Sheni. Si está en Israel, tendrá la oportunidad de visitar el Siyum de Rabí Meir y participar de su Hilulá.

¿Por qué este Zejut tan grande, porque más que otros tzadikim? ¿Por qué tan solo con mencionar su nombre con fe ya obtienes yeshua (salvación)? Porque el alma de Rabí contenía al ángel Metat, era el antídoto de la Klipa de Esav y por su personalidad como humano, amante de las personas y amante de la Tierra sagrada. En la Guemará citan esta historia: Turnus Rufus le preguntó a Rabí Akiva, si tu Di-s ama tanto a los pobres ¿por qué no se preocupa por ellos, porque los deja vivir sin casa, sin ropa y sin comida? ¿Por qué hay tantos pobres entre ustedes? Rabí Akiva contestó: Hashem quiere recompensar a la gente de Israel a través de la tzedaká y salvarlos de las brasas ardientes del Guehinom (infierno), por eso nos deja a nosotros ayudarlos y ayudándolos a ellos, nos ayudamos a nosotros mismos. El rashá (malvado) continuó, al contrario, eso los hará a ustedes ir a Guehinom por estar contrariando la voluntad de Di-s. Rabí Akiva le respondió con una historia: Un rey estaba furioso con su desobediente esclavo y lo castigó enviándolo a prisión sin agua y comida. Uno de los guardias del rey se compadeció, y le dio agua y pan, cuando el rey se enteró se puso muy bravo y le dijo: porque desobedeciste mi orden, ahora te castigaré a ti. Pero si ese hombre que el rey está castigando, es el propio hijo del Rey y este lo expulsa del castillo, para corregirlo, cuando el Rey sabe que alguien se compadeció de su hijo y le da comida y bebida y no lo deja morir de hambre, el Rey no sólo no está bravo, sino más bien, está tan contento, que lo va a recompensar. Es así como nos envía a los pobres para que los alimentemos y ayudemos en todas sus necesidades, pero obviamente, la pregunta que cabe aquí saber es, si somos los judíos, los hijos o los esclavos de Hashem.

Rabí Meir y Rabí Yehuda diferían en la respuesta, Rabí Yehuda dijo que nosotros somos los hijos o los esclavos de Di-s, dependiendo de nuestras acciones, si hacemos lo que Hashem quiere, somos los hijos, pero si no cumplimos su voluntad, somos los esclavos. Rabí Meir decía, los judíos hagan lo que hagan, siempre fueron, son y serán los hijos de Di-s. El pueblo elegido, el primogénito. Este amor inmensurable al pueblo judío fue visto ante los ojos de Di-s con mucha alegría. No solo su amor al pueblo judío, pero también a la Tierra de Israel. El pueblo es el alma y la tierra el cuerpo, juntos forman una entidad única llamada "NACIÓN JUDÍA".

En cualquier situación que se nos presente, podemos dar caridad, a nombre de Rabí Meir, sin miedo de que Di-s no acepte nuestra caridad, porqué siempre y en todo momento somos sus hijos, aun cuando hagamos molestar a Hashem y nos esté castigando. Cualquier padre que ama a sus hijos y aun cuando esté dispuesto a castigarlos, estará feliz si alguien se ocupa de sus hijos. Rabí Meir quien se convirtió en nuestro protector, él nos ayuda ante el castigo e intercede por todos nosotros en el cielo y le recuerda constantemente a Hashem que somos sus hijos y un padre siempre es bondadoso con sus hijos.

Dice el Zohar, que la tan anhelada geula (redención) que estamos esperando, empezará

desde Tiberias, desde el sitio donde está la tumba de Rabí Meir, nuestro Tzadik, nuestro protector, nuestra luz. Rabí Meir Baal Hanes, el santo judío hacedor de milagros, el que amó a todo el pueblo judío, el que nunca habló una sola palabra mala de la Tierra de Israel, el santo que le recuerda a Hashem diariamente que somos sus hijos, el santo que intercede por nosotros, nos traerá la geula pronto y en nuestros días, amén ve amén.

Rabí Aba (en nombre de Rabí Yisa Saba) y Rabí Simón Bar Yojai, dijeron:

En el futuro, Di-s revivirá (reencarnará) y reinstalará a todos los reyes que oprimieron al pueblo judío y gobernaron Jerusalem, muchos de los actuales dirigentes y políticos del mundo son reencarnaciones, de Adriano, Lupino, Nabucodonosor, Senaquerib y todos los otros que destruyeron Su casa, el Templo de Jerusalem. Ellos se unirán con otras naciones. Hashem anunciará: "Y esta será la plaga con que Hashem herirá a todos los pueblos que hicieron guerra a Yerushalaim..." (Zejaria/Zacarías 14:12)."

ACLARANDO DUDAS

Cuando la Torá fue entregada en las montañas del Sinaí, las personas podían leer el contenido escrito en las piedras desde cualquier ángulo. Esto es una demostración de que la Torá tiene muchos rostros y puede ser interpretada de diferentes maneras.

De la misma forma como Rabí Meir podría interpretar un pasuk de la Torá o una ley en formas diferentes, todos nuestros Tzadikim conocedores de la sagrada Torá, también pueden hacerlo. Y el mensaje que aprendemos de Rabí Meir.

Si uno da un argumento o varios argumentos, vendrán otros a refutarlos con la misma cantidad de argumentos y esa es la razón primordial, por la cual la Torá escrita es limitada mientras que la oral, es ilimitada. (Rebe Elimelej del libro Noam Elimelej) y mientras más argumentos nuevos jidushim de Torá y más Torá estamos creando, difícilmente vendrán los enemigos de la Torá a convencerte con falsos argumentos y debilitar tu fe.

- Rabí Meir fue enterrado de pie. ¿No se han violado las leyes de la Torá?

-Los Sefer de Torá que escribió Rabí Meir, tenían una luz impresionante, son completamente kosher y sagrados al igual que todos sus libros y trabajos, pero cuando el Tzadik, escribió la letra Or (luz) con una Ayin en lugar de una Alef, le fue aceptado por los jajamim nuestros sabios ¿Cuál fue la verdadera razón, para la que una Torá, escrita con una letra diferente tenga toda su validez?
- ¿Aún más, ¿cómo pudo nuestro querido santo Rabino, poner a su bella y sabia esposa a prueba?
- ¿Y si tan solo quiso enseñarle una lección, puede un Tzadik de esa categoría prestarse a eso?
-Por otra parte, ¿cómo pudo la santa, fuerte de espíritu y correcta, Beruria, ceder a la tentación? ¿Porque la Torá no la protegió, ni siquiera por el mérito de ser la hija del Rabino Hanina ben Teradión? ¿Puede una atracción de almas de vidas pasadas ser capaz de hacer sucumbir a personas fuertes espiritualmente, al pecado?

En el siglo 16, el Rabino Isaac Luria Askenazi (el Arizal) reveló muchos secretos. Algunos nunca nos llegaron ni fueron escritos. La mayoría de estos conocimientos fueron escritos por su discípulo Rabí Jaim Vital.

Entre todos los secretos que nos reveló el Arizal, nos explicó el secreto del nombre de Rabí Meir.

Habíamos comenzado la presente obra describiendo a Rabí Meir como un enigmático Rabino descendientes de guerim (conversos) y no cualquier converso, sino de Nerón un emperador romano enemigo del pueblo judío quien quería destruir el templo sagrado.

Aparte de ese ascendente, no sabemos quién era su familia, donde nació, cómo fue su infancia.

Nerón o quizás su hija, se convierte al judaísmo y por el Zejut de no destruir el Templo, aun cuando esa era su misión, Hashem lo recompensa con un descendiente muy especial, la luz del mundo.

También hablamos de su conexión el ángel Metat y su misión de ser el antídoto de la klipa de Esav.

Estudiemos ahora a Beruria su esposa, una mujer de buena familia, hermosa y muy inteligente, pero un poco soberbia por cuanto ridiculiza a los hombres que van a hacerle preguntas de Torá.

Todas las tardes, había una sesión de preguntas y era Beruria la que les respondía. Lo hacía a través de una cortina o mejitza. Todos los hombres se quejaban ante Rabí Meir que su esposa los humillaba. Cuando contestaba a sus preguntas, les hacía sentir que eran inferiores y hasta ignorantes. Rabí Meir sabía del temperamento de su mujer y decidió actuar, se puso de acuerdo con uno de sus discípulos, quien además era un hombre inteligente y apuesto y le pidió que la sedujera, sin llevarla al pecado, para que aprenda una lección, y para que entienda que los sabios no se equivocaron al decir que la mujer es débil y finalmente se comporte apropiadamente.

Esta lección, a la que ella debía ser sometida, era precisamente su tikun (su reparación) ¡y Rabí Meir lo sabía!

Habíamos dicho anteriormente que ella era el gilgul (reencarnación) de Bat Sheva y el estudiante de Rabí Meir, el gilgul de Uriel.
Aun cuando esto es cierto, sabemos que las personas pueden tener la chispa del alma de varias personas y necesitan reparar por más de un alma y a veces en una sola reencarnación.
Entonces el estudiante de Rabí Meir se queda en la yeshiva después de que todos se van y tras las cortinas, comienza a hacerle preguntas de Torá un poco profundas. Eso le interesó mucho a Beruria,

puesto que ello representaba un reto para su inteligencia.

Día tras día ocurría lo mismo y ella se había acostumbrado a este encuentro, incluso, esperaba ansiosa la hora de aprender más profundidades de la Torá, con su nuevo estudiante. Un día la curiosidad la ganó y abrió la cortina para ver al alumno y quedó deslumbrada ante tal belleza. Él igualmente se impresionó.

El la invito a pasear al parque para seguir estudiando en otro ambiente.

Ella fue a su casa y comenzó a arreglarse frente al espejo, muy emocionada, cuando de pronto vio una serpiente reflejada en el espejo. En esos momentos ella reacciona y dice: Caí una vez, pero no dos y decide suicidarse.

Beruria entendió en esos momentos, que ella era Java (Eva), la primera mujer de la creación, la esposa de Adam, quien fue seducida por la serpiente y pecó trayendo muerte al mundo.

La serpiente estaba encarnada por el yetzer hará, que ya se había adentrado y apoderado del alma del estudiante. Él nunca hubiera podido controlarse porque ya no tenía voluntad propia. El yetzer hará se adueñó de él.

Beruria repara con su muerte el pecado de haberse dejado seducir y traer muerte al mundo. Pero la oscuridad que trajo al mundo con su pecado, no la pudo reparar completamente y les corresponde a todas las mujeres judías, traer luz al mundo, y esto se hace cuando se encienden las velas de Shabat, los viernes, para recibir el sagrado día.

Adam, su esposo, también tiene que reparar. El también cayó en el pecado de "comer la fruta prohibida" y la luz divina con la que se creó el mundo fue escondida y fuimos, además, expulsados del paraíso.
Rabí Meir posiblemente también llevaba la chispa del alma de Adam Ha Rishon.
Por eso su nombre, Meir, es luz, tiene el deber de devolvernos la luz.
El Arizal nos descifra las últimas palabras que escribió Rabí Meir, en su lecho de muerte:

"At Tikreu Or" no leas Or (luz) con Ayin (que significa piel y su guematría es 70.) 70 representa las 70 naciones del mundo. Cuando Adam pecó, se le cayó la luz (OR con Alef, cuya guematría es Uno) que lo revestía y Hashem cubrió su piel con Or (escrita con Ayin) que significa piel y representa las 70 naciones del mundo. Es así como de Adam, sale el pueblo judío y también las 70 naciones del mundo.
En su testamento final, Rabí Meir dijo algo muy profundo:

70 naciones volverán a ver la luz. Por eso Or con Ayin (las 70 naciones y representa la piel) el cual es el pecado y Or con Alef (es luz y es uno, y uno es Hashem, la unidad Divina y es Am Israel). Entonces Rabí Meir reveló "No digas que las 70 naciones se revestirán con piel, ellos caerán en el pecado, pero al final, ellos también verán la luz".
¡La luz de HaShem!
La unidad. La luz de Mashíaj quien revelara esa luz.
Rabí Meir venía de las 70 naciones y se integró al pueblo judío.
Separó lo divino de lo profano, de Elisha su maestro.
La fuerza de Mashíaj sacará la parte divina de las 70 naciones. Y todos reconocerán que Di-s es Uno y su nombre es Uno.

Rabí Meir pudo revelar este secreto porque él poseía la chispa de Adam, que es Mashíaj y que tiene la misión de devolver la luz al mundo que Adam causó que fuera escondida. Rabí Meir, cuyo nombre es Luz y cuya Torá era luz, la devolverá al mundo.
Por eso ahora entendemos porque su Torá es luz y porque su Torá fue la única excepción que se hizo en todo el mundo, de tener validez a pesar de tener una sola letra diferente, pero cuya santidad no alteró el contenido. Por ello también, él puede

esperar de pie a Mashíaj, porque él lleva la luz de Mashíaj y debe de permanecer de pie. Su infinito amor a la Tierra de Israel y al pueblo judío y a todas las criaturas del mundo, es otra forma de revelación del Mashíaj. Pero aún queda algo por resolver y aquí es donde Hashem me iluminó para enviarme este Jidush (novedad de Torá) y completar este eslabón de maravillosos eventos. El presente jidush, vuelvo a aclarar, no tiene soporte en ningún libro, es simplemente una conexión que yo misma percibí e interprete, y solo cuando venga Mashíaj, B'H, sabremos si fue acertada o no.

-Sabemos que Mashíaj viene de la Tribu de Yehuda, de la Casa del Rey David. ¿Cómo pudo El Arizal conectarlo con Adam? ¿A dónde queda la tribu de Yehuda? Pues bien, Beruria pudo haber sido el gilgul de Java y el de Bat Sheva. Explicamos al principio, que Bat Sheva no solo fue la madre del Rey Salomón sino la esposa del Rey David.

El rey David pidió a Hashem que incluyera su nombre en los rezos, así como se dice el Di-s de Abraham, Yitzjak y Yaakov, que se diga también el Di-s de David. Pero Di-s le respondió que los patriarcas pasaron por pruebas muy difíciles y fueron superadas. David le pide a Hashem una prueba, y Hashem se la concede, pero no la pasa, de ahí aprendemos que nunca se debe de pedir a Hashem que nos ponga a prueba. Ese fue su encuentro con Bat Sheva. Si bien eran almas gemelas que debían de estar juntas, David envió al campo de batalla a Uriel, para quedarse con Bat Sheva. Uriel firma el guet (documento de divorcio) antes de ir a la guerra, el cual era un formato necesario en ese entonces. Bat Sheva se va con David. Cuando Beruria, quien en esta vida encarna también a Bat Sheva, está a punto de cometer un pecado, prefiere suicidarse que cometerlo y con ello rectifica el pecado de Java y de Bat Sheva juntas.

Pero si Bat Sheva era Beruria, Rabí Meir pudo haber sido entonces, el gilgul del Rey David. Aunque el Rey David era perfecto, tal vez este incidente de Bat Sheva era necesario rectificar.

David causó a Bat Sheva pecar y en esta oportunidad la pone a una prueba para que pueda rectificar su pecado. Rabí Meir no quería darle más honores al presidente del Sanedrín, a pesar de que él era un discípulo de la casa del Rey David, porque Rabí Meir tenía el alma del mismo Rey David. David venía de una conversa (Ruth la moabita), Rabí Meir también venía de un converso, Nerón. David quería dedicarse constantemente a Di-s, a rezar a estudiar Torá, a construir el Templo, pero tan solo pudo componer sus Salmos, por cuanto en su turbulenta vida, tuvo que escaparse constantemente de sus enemigos y participar en muchas guerras. Rabí Meir puede, en esta vida, dedicarse completamente al estudio de la Torá, recopilar la

Mishna y hasta hacer las paces entre las personas. A David le fallecieron dos hijos infantes, y otros 2 fueron asesinados por ambición del Trono, Rabí Meir también perdió dos hijos pequeños. De David Ha Melej saldrá el Mashíaj y Rabí Meir tiene chispas del alma de David Hamelej, quien, además, obtuvo su vida, gracias a los 70 años que Adam Ha Rishon le donó. Si Adam no se hubiera compadecido de David Hamelej, quien ni siquiera estaba destinado a nacer, la historia hubiera sido otra. El "Yetzer hará" siempre ha trabajado arduamente para impedirnos ver la luz de Mashíaj, pero Hashem, santo y bendito, siempre encuentra la forma de asegurarse que el plan divino ocurra y en su momento exacto. Adam el primer hombre, traerá la luz divina que le fue ocultada al mundo a causa de su pecado, y gracias a haberle otorgado 70 años de su vida a David Hamelej, cuya luz comenzó a regresar a través de Rabí Meir y se restablecerá totalmente con la llegada del Mashíaj, reinará la paz por siempre sobre el mundo y el nombre del Eterno será Uno.

En relación con este último punto, quisiera agregar y aclarar lo siguiente:

Moisés Rabeinu bajo la Torá en Har Sinaí, la oral y la escrita. Después del pecado del becerro de oro Moisés destruyó las tablas y en la siguientes oportunidades que sube al cielo, para obtener el perdón del pueblo y bajar nuevamente otras tablas de la Ley, solo baja la escrita, la Oral fue transmitida de generación en generación y la Torá oculta, no fue revelada en esos momentos. Cuando los Romanos destruyeron el Beit Hamikdash y comenzó la matanza de nuestros sabios, así como la prohibición de estudiar y practicar la Torá, nuestros Rabinos se lamentaron de que la Torá será olvidada. Rabí Shimon Bar Yojai dijo que eso nunca ocurrirá y luego de permanecer 13 años en una cueva en Pequiin, una ciudad localizada al norte de Israel reveló el Zohar, la parte mística oculta de la Torá, al mismo tiempo, Rabí Meir, junto a los otros Rabinos anteriormente mencionados, comienzan a recopilar la Mishna y poner todo por escrito. Rabí Meir trae al mundo la luz y Rabí Shimón, (quien tiene la chispa del alma de Abel, Noaj y Moisés Rabeinu), revela los secretos más intrínsecos de la Torá, tales como la creación del mundo, el secreto de los tiempos, de Di-s, de la luz, del hombre el origen de las almas, sus caminos y sus correcciones. El mundo no estaba preparado para tantas revelaciones místicas y el Zohar queda oculto, hasta que entrado el siglo once, el Rabino Moisés de León, encuentra los manuscritos y lo manda a publicar (900 años permaneció oculto, sin embargo, muy pocos pudieron comprenderlo). Cuatro siglos más tarde, Hashem nos manda a este mundo físico, a el Arizal, el sagrado Rabino Isaac Luria, nuevamente con chispas del alma de Moisés, para poder aclarar, todos los conceptos que reveló Rabí Shimon Bar Yojai. Esta misma alma se manifiesta en diferentes tiempos a través del Ramjal (Rabí Moisés Luzzato) y Rabí Yehuda Leib Ha-Levi Ashlag (siglo 20). Pero antes, en el siglo 18 de nuestra era, baja mucha luz al mundo judío y no judío, como lo fue la revolución industrial, que cambió el mundo y los grandes Tzadikim de la época, tales como el Gaón de Vilna, más los todos los gigantes del movimiento jasídico. Todos estos grandes Tzadikim, nos siguieron revelando más y más secretos. El Baal Shem Tov, podía viajar a las altas esferas celestiales y hablar con Moisés Rabeinu, con Mashíaj y con el profeta Eliyahu entre otros. Subía a la corte celestial del Arizal y aprendía Torá de él. El Baal Shem Tov comentó que lo que nosotros sabemos del Arizal, es tan solo una gota del océano. En una oportunidad el Baal Shem Tov le preguntó al Arizal, que por que reveló secretos tan profundos y este le contestó que, si lo hubiesen dejado vivir otros dos años más, en el mundo físico, hubiera podido rectificar todo. En el siglo 20 apareció un alma única, el cabalista Rabí Yehuda Leib Ha-Levi Ashlag (El Baal Ha Sulam) quien explicó la sabiduría de la cábala de una manera tal, que nuestra generación pudiera comprenderla. Es por eso, que todos estos secretos tan profundos, han sido revelados y explicados y podemos comprenderlos de manera de estar preparados para la era mesiánica. Así lo anticipó Rabí Shimon, quien dijo que en los días de Mashíaj, hasta un niño de 5 años, estará en capacidad de entender el Zohar. Revelando los secretos del cielo, aceleramos la llegada de Mashíaj.

Ahora ya podemos entender la grandeza de Rabí Meir Baal Hanes el Santo Judío hacedor de milagros. Identificar las almas de nuestros sabios, así como sus misiones en la vida, se hace con el único propósito de entender la importancia de nuestros Tzadikim, su misión de rectificación del mundo "Tikun ha Olam" apreciarlos más, amarlos más, así como Hashem mismo los ama y rogarles a ellos que por todos sus extraordinarios méritos sean rogaderos por todos nosotros y que su luz santa y bendita, nos protejan y bendigan por siempre.

Amen ken Yeji Ratzón.

Y las historias

Continúan...

Relata una señora: Hace un par de meses, viajé con mi esposo a Suramérica por un mes para las festividades. Llegamos justo para Rosh Hashaná, y mi familia se acopló una semana más tarde para Yom Kipur y Sucot. La primera semana nos quedamos en la casa de mis padres y luego nos fuimos a la casa de unos amigos. Antes de viajar, mi padre nos dio una bolsita con unas Mezuzot de una señora, que se la había dado para que un Rabino se las revisara. Y nos dijo que le avisemos, a la señora, que nosotros la poseemos, para que podamos devolvérsela.

Llegamos al aeropuerto. Teníamos varios bolsos, y comenzaron a hacernos problemas por sobrepeso. Así que tuvimos que hacer un arme desarme en el mostrador de chequeo para poder pasar sin tener que pagar el precio exorbitante que cobran por unos pocos kilos extra. Llegamos a nuestro destino. Dejamos los bolsos chicos en mi casa, para que cuando nos vayamos una semana más tarde a la otra casa tengamos sólo una valija.

Obvio que nos olvidamos del paquete de las Mezuzot. Pasaron los días, Rosh Hashaná, y llegó mi familia. Nosotros, acorde al plan, nos fuimos a la casa de nuestros amigos. Luego de Yom Kipur, mi papá nos llama y nos pregunta por las Mezuzot, que la señora las reclama. "No hay problema" dijimos. Buscamos en la valija grande y no estaban. Pensamos, "seguramente las dejamos en los bolsitos". Decidimos ir al otro día a buscarlas. Llegamos temprano en la mañana, cuando vemos en la entrada de la casa a la señora tocando timbre y preguntando por sus Mezuzot. "Ya te las bajamos", le dijimos con seguridad. Subimos corriendo, abrimos todo el equipaje, sacamos los bolsitos y los revolvimos todos. Nada. "Bueno" dijo mi marido, "No vamos a desesperarnos, pongamos Tzedaká para Rabí Meir Baal Hanes, no tenemos nada que perder, máximo le decimos que nos las dejamos olvidadas con todo el lío de las valijas, que, de hecho, seguramente haya sido eso lo que pasó". Pusimos tzedaká.

A los dos segundos (¡¡dos!!) me vino un pensamiento a la mente: "Están en el mueble del comedor". Fui hasta allí y evidentemente…ahí estaban, tan tranquilas y ajenas a la locura previa que reinaba en la casa. Ni me acuerdo cuándo las habíamos puesto ahí, ni quién de nosotros…la cosa es que aparecieron. ¡Menos mal!

Cientos de historias similares he presenciado y he escuchado de diferentes personas. No hace mucho tiempo atrás, extravié mi licencia de conducir. Este documento es muy importante, es la identidad de uno y el derecho para manejar. Reponerla es un trámite largo y complicado. Al cabo de varias horas de infructuosa búsqueda procedí a pedir ayuda al Tzadik, para que por sus méritos me ayude a encontrar el objeto perdido y puse tzedaká en su cajita. Dije "Elokai De Meir Aneni" 3 veces y me fui a dormir. Así pues, en la mañana temprano, suena el timbre de la puerta y una persona, que la encontró en el piso, vino hasta mi casa a traerla.

En Tel Aviv, estuve en una tienda de judaica y compré un libro de rezar que tenía el rostro de Rabí Meir impreso e inmediatamente el dueño de la tienda se emocionó y comenzó a contarme sobre la fe que le tiene al santo y como una vez su hijo pequeño estuvo al borde de la muerte (Di-s no quiera) y como sus ruegos a Hashem a través de los méritos de Rabí Meir lo devolvieron a la vida.

Otra persona muy familiar, me contó que durante la festividad de Lag BaOmer se dirigían a la Ciudad de Merón, al lugar de reposo del gran Tzadik Rabí Shimón Bar Yojai, para realizar el primer corte de pelo del hijo de 3 años. Por cuanto unos días, antes es la Hilulá de Rabí Meir, pasaron por Tiberias para rendir honor al Tzadik. A su salida, una señora completamente cubierta se les acercó y les dijo que regresen al Siyum del Rabino y le pidan que Di-s les envíe un hijo varón al que llamarán Meir. Ellos se sorprendieron con esta petición, en primer lugar, porque la joven pareja viajaba con varios hijos, los cuales estaban presentes y, en segundo lugar, porque ellos tenían la intención de nombrar a su siguiente hijo con el nombre de Meir. Así que entraron nuevamente y le prometieron al Tzadik que, si su próximo hijo era un varón, lo llamarían Meir. Y así ocurrió. El pequeño Meir nació y permaneció varios días en la unidad de cuidados intensivos. Milagrosamente todo se arregló con tiempo para que tuviera su Brit Milá en el octavo día tal y como lo establece la Torá. Una de las invitadas que presenció el Brit, le comentó a la madre del bebe, que la noche anterior soñó con su bebé y como una luz intensa lo cubría y lo curaba.

-Durante un viaje a Israel, uno de los pasajeros de nuestro grupo, extravió el pasaporte y no podía regresar al país. Reviso su maleta una gran cantidad de veces, entre la ropa, en los bolsillos, en cada rincón de su maleta. Por cuanto entró en pánico, su esposa comenzó la búsqueda, pero nada. Tras la desesperada búsqueda, yo les sugerí que hicieran la segulá de Rabí Meir. No terminó de hacerla y enseguida apareció en el bolsillo exterior de la maleta. ¡Pero no puede ser, exclamaba sin cesar!, no saben cuántas veces la hemos buscado ahí y no había nada!

-Una conocida mía, que es psicóloga, me comentó que una paciente entró a su consulta en estado trágico, por cuanto la sobrina tenía desaparecida más de 48 horas. La familia estaba muy desesperada, la policía estaba buscándola y no sabían nada de ella. Mi conocida acababa de leer mi libro (la primera edición) y terminando la consulta le sugirió que regrese a su casa, se calme y haga la segulá de Rabí Meir. La paciente no era judía y no entendía mucho, pero anotó todo lo que debía de hacer. No pasó ni una hora cuando la llamó de vuelta anunciándose, que la sobrina había aparecido.

-Una historia no menos escalofriante, ocurrió en el estado de Florida. Unas niñas del colegio estaban pasando un Shabaton en Orlando y dos de las jóvenes se extraviaron en un bosque lleno de cocodrilos y culebras. Toda la comunidad estaba en alerta, llorando, rezando, buscando, fueron unos momentos muy tensos. Recuerdo que yo no pude dormir toda la noche, estuve rezando, pero, lo primero que hice al enterarme, fue hacer la segulá de Rabí Meir. Toda la comunidad volcó su corazón al Ribono Shel Olam y al Rebe de Lubavitch, para que, por sus méritos, estas dos jóvenes aparecieran sanas y salvas. Milagrosamente a la mañana siguiente, un helicóptero logró encontrarlas y su rescate duró más de una hora. B'H la mano de Hashem, la comunidad unida en rezos, la fortaleza de las niñas, las unidades de rescate y los méritos de los Tzadikim, se juntaron para que podamos ver el gran milagro. ¡En la unión está la fuerza!

Mientras estábamos en Tiberias, entrevistando a los Rabinos que trabajan ahí recolectando tzedaká para sus casas de estudios, se acercó una pareja de Francia, a entregar una donación y al salir, el Rabino compartió conmigo la historia de esa pareja. Ella estaba muy enferma, desahuciada. Los doctores en Francia no daban esperanza, pero iban a intentar una última operación, para removerle un tumor canceroso del cerebro, lo aleinu. Esa pareja es judía pero no religiosa. Alguien en Francia les recomendó pedir al Tzadik que interceda por ellos en los cielos. Ellos no estaban en condiciones de viajar, pero un sobrino que salía hacia Israel les dijo que él se ocuparía. El joven llegó a Tiberias y estaba rezando frente al sitio de descanso de Rabí Meir y un hombre mayor, con barba blanca le tocó el hombro y le dijo: "todo va a estar bien". A su regreso a París, comentó lo sucedido. El día de la operación los doctores estaban aturdidos porque no encontraron nada.

Científicamente no tenían una explicación y comenzaron a hablar de milagros. La pareja viajó a Israel y ofreció una comida de agradecimiento a Di-s en el Kever Rabí Meir y desde ese entonces, viajan una vez al año a Eretz Israel y traen su donativo para los estudiosos de Torá de la yeshivá que se encuentra en el edificio. El Rabino que compartía con nosotros esta historia, nos contó cientos de historias y comentó que va a comenzar a escribir su propio libro, por qué en los 18 años que lleva trabajando ahí, ha visto y escuchado tantos milagros, que él siente necesidad de escribirlos para que no pasen al olvido.

Una señora muy mayor, con serios problemas del corazón desde hace más de 10 años y tan delicada que no puede someterse a cirugías, me confesó que todos los años envía tzedaká para los estudiantes del Colel de Rabí Meir y ella siente que esa es su mejor medicina.

Otra señora narró, cómo una vez, lavando los platos del mediodía en su casa, se quitó el anillo de brillantes de su compromiso y olvidó ponérselo de nuevo. En la noche cuando va a salir con su esposo, se fija que no tiene el anillo, lo busca en la cocina y otros lugares donde pudo haber caído, pero no lo encuentra. Entonces hace la segulá de Rabí Meir y coloca tzedaká en la cajita. Normalmente funciona rápido, pero esta vez, nada. Pasaron varias horas y el anillo seguía extraviado. Antes de salir el esposo saca la bolsa de la basura y ella instintivamente decide que debe de revisar esa bolsa. La vacían y en efecto encuentran el anillo junto con los espaguetis. Por poco lo perdía, pero la segulá protegió el objeto.

Otra persona contó que mientras sus hijos servían en el ejército en Israel, todos los días por tres años, por cada uno de sus hijos, prendía una vela al

Tzadik para que, por sus méritos, proteja y salvaguarde a sus hijos.

El Rabino Zacharias Wallerstein, contó en una de sus clases de Torá, una historia muy interesante que le ocurrió en uno de sus viajes a Israel, pero como es un poco larga, la reduciré a la parte más importante. El dejó olvidado en un taxi, un paquete que contenía mucho dinero en efectivo, el cual era una encomienda que llevaba para una organización de caridad. Cuando se dio cuenta inmediatamente hizo la segulá de Rabí Meir. Sus nervios se incrementaron en la medida que pasaba el tiempo, porque no tenía forma de contactar al taxista, ni tenía su número de teléfono ni la placa de su carro. Milagrosamente, encontró a la persona adecuada, que lo ayudó a contactar a la policía y a través de las cámaras de seguridad, ubicaron al taxista y recuperaron el dinero. El Rabino dijo, que la policía normalmente, nunca se hubiera ocupado de un caso tan menor, pero gracias a la segulá, todas las piezas se juntaron y pudo recuperarlo. Agrega el Rabino Zecharia, que el secreto de esta segulá es que uno ofrece la caridad, e inmediatamente la tiene que entregar, debe de tener fe en el Tzadik y no esperar a que se cumpla para hacer efectivo el donativo y el Tzadik, resguarda el objeto o la persona, hasta que es recuperado.

El Baal Shem Tov (fuente: Keter Shem Tov) y el mismo Rabino Rebe Menachem Mendel de Lubavitch, recomendaban a las personas que estuviesen pasando por alguna situación difícil, dar tzedaká por los méritos de Rabí Meir Baal Hanes y pedir por sus méritos la ayuda diciendo dos veces Elokai De Meir respóndeme.

Una simpática historia que recuerdo de mi abuelo materno, en una oportunidad él se encontraba solo en la tienda y vinieron dos asaltantes con pistolas. ¡Él ya era mayor y débil pero preso del pánico empezó a gritar Rabí Meir, Rabí Meir!, los asaltantes se miraron uno al otro y comenzaron a ver toda el área a ver a quién estaba llamando el anciano y el susto de ellos fue tan grande que salieron corriendo del lugar. La fe en el Tzadik te conecta mucho con su esencia y a través de él, al Creador del universo.

Somos un pueblo de fe, la Emuná la llevamos dentro de nuestro ser. ¡Y ella siempre responde!

ENTENDIENDO EL SIGNIFICADO DE LA SEGULÁ PARA ENCONTRAR OBJETOS PERDIDOS.

El Rabino Benjamín explica esta segulá en los siguientes términos:

Cuando un objeto se extravía y se hace la segulá de Rabí Meir, se da tzedaká, (algunos prenden una vela) y se dice lo siguiente: "Todos están en la presunta situación de las personas ciegas, hasta que El Santo, Bendito Sea, ilumina sus ojos. Di-s abrió los ojos, y ella (Hagar) vio un pozo de agua; y ella fue y llenó el odre de agua, y dio de beber al muchacho".

Bereshit 21:19. La derivación es que el bien siempre estuvo ahí, pero Hagar no lo vio. Sólo después de orar, Hagar (la concubina de Abraham

Avinu y madre de Ishmael), hizo que Hashem abriera sus ojos y pudiera ver lo que ya estaba allí.

Continúa así:

"Di-s de Meir, respóndeme. Di-s de Meir, respóndeme y en el mérito de la caridad que doy por el alma de Rabí Meir Baal Hanes, que su mérito nos proteja, encuéntrame el objeto que perdí.

¿Cómo puedo encontrar el artículo que perdí?"
La primera parte, de "Amar Rabí Benjamín", es una cita de Bereshit Rabá 53:14.
Cuando el Rabino Benjamín agregó esta Mishna, no tenía ni idea de que su Divrei Torá (palabras de Torá) se desarrollaría en una segulá. La segunda parte, sobre el Rabino Meir, tiene su base en el tratado Avodá Zara 18a-b.
Una buena parte de este segulá, desde la perspectiva de la parte de "Amar Rabí Benjamín", es que, si uno realmente entiende lo que él / ella está diciendo, entonces esto lleva a una comprensión transformadora. Una persona piensa que está en la cima de las cosas. Y de repente no puede encontrar algo. La persona debe de darse cuenta de que todo está en manos de los Cielos. "Si quieres encontrarlo, reza a Hashem, como lo hizo Hagar". El objeto está probablemente allí, debajo

de la nariz, pero usted no puede verlo hasta que Hashem le permite.

Esta explicación parecería ser apropiada para un objeto que se encuentra delante de sus narices, o en su pila de papeles. Pero para un objeto perdido en cualquier lugar de la ciudad y alguien lo encuentra y se lo lleva a usted, por ejemplo, esto no es realmente la ceguera, sino la recuperación real de lo que se perdió. Esto definitivamente va más allá...

-Existe otra segulá, que se usa para pedir refua Shelemá (curación) a una persona que está gravemente enferma. Se comprometen 43 mujeres a hacer jalá de al menos 5 libras cada una. Se toman 4 monedas y se ofrecen en tzedaká, una por el mérito de Rabí Meir, otra por el mérito de Rabí Shimon Bar Yojai, la tercera por el mérito de Rabí Levi Yitzjak ben Sara Sasha (el Berdichev Rebe) y la cuarta por el mérito de Rabí Menajem Mendel ben Yosef MiRimanov. Acto seguido se dice la parte de Yeji Ratzón (de Shemone Ezre) y se separa un pedazo de la jala y se dice la berajá. Podemos ver que en esta segulá se vuelve a invocar los méritos de Rabí Meir. Y la explicación que algunos dan es que una vez que el Rabino es invocado en un milagro se le asocia con otros y otros, por ejemplo, encender una vela todos los días miércoles, para pedir por el sustento. Por otra parte, la frase **Elokai**

De Meir Aneni: puede significar respóndeme o ilumíname, puesto que Meir es "mi luz." significa que le pedimos directo a Hashem su luz o su respuesta, por los méritos del Tzadik y por cuanto este le prometió al soldado romano ayuda divina en caso de necesidad, ahora Di-s cumplirá con la promesa del Tzadik. **"Tzadik gozer ve HaKadosh Baruj Hu mekayem".** ¡El justo decreta y el santo bendito sea su nombre él lo cumple! Hay otra segulá asociada con el Rabino Meir Baal Hanes, para el que tiene miedo a los perros y consiste en colocar el pulgar derecho en el interior de la palma izquierda y decir: " Elokai De Meir Aneni!

Algunas personas están completamente en desacuerdo con depender de segulot o remedios espirituales, pero desde mi punto de vista y del de miles de devotos, funcionan, especialmente cuando uno está necesitado de obtener ayuda divina, y aparte de conectarnos más con la grandeza del Creador y de sus amados santos, nos compromete en ayudar económicamente a los necesitados, por lo cual, es muy acertado hacerlo.

En cuanto a la premisa **"Tzadik gozer y HaKadosh Baruj Hu mekayem",** cabe señalar, que esto aplica a todos los Tzadikim del pueblo de Israel, porque los Tzadikim son buenos y son los ojos de Hashem.

DATOS HISTORICOS RELEVANTES.

La organización de caridad Rabí Meir Salant, es una de las organizaciones de caridad más antiguas de Israel. Fue fundada en 1860 por el Rabino Principal de Jerusalem, Shmuel Salant (1816-1909) y su suegro el gran Rabino Yosef Zundel Salant (1786-1866).

El Rabino Yosef Zundel Salant, un renombrado erudito y piadoso y fundador del movimiento

Musar "Rabino Yisrael Salanter", llegó a Jerusalem en 1839 de la ciudad de Salantai, Lituania cerca Zamut. El Rabino Yosef Zundel fue nombrado de inmediato el jefe de la comunidad Askenazi en Jerusalem. Uno de sus primeros logros fue establecer en Jerusalem un Beit Din Askenazi y la primera en décadas. El Rabino Yosef Zundel abandonó su posición a favor de Rabí Shmuel, su yerno, que luego pasó a servir como el Gran Rabino de Jerusalem desde 1841 hasta su fallecimiento en 1909. Tanto el Rabino Zundel y el Rabino Shmuel trabajaron juntos incansablemente en beneficio de la comunidad. En 1860 se fundó la organización benéfica Rabí Meir Baal Hanes que se convirtió en la base de apoyo a toda la comunidad en general, dada la crisis económica que afectaba a la población judía de Eretz Israel. Por desgracia, el Rabino Zundel vivió sólo unos pocos años después de su creación. Sin embargo, durante los últimos años de su vida se dedicó por entero a llevar esta monumental empresa a buen término. Tras su muerte en 1866, la organización caritativa Rabí Meir Baal Hanes ya se había convertido en la línea de vida para cientos de familias pobres y desvalidas del país. Innumerables líderes judíos prominentes de todo el mundo tomaron un papel activo en la asistencia a Rabí Shmuel Salant en su santa misión de administrar el fondo "Rabí Meir Baal Hanes".

Algunos de los más notables fueron:

-Rabino Yosef Zundel Salant (1786-1866)- Mentor del Rabino Yisrael Salanter.

-Rabí Meir Auerbaj (1815-1878) - Gran Rabino de Kalish.

-Rabí Itzjak Eljanan Spector (1837-1907)

-Gran Rabino de Kovno y dirigente de la comunidad judía de Rusia, Rabino Yaakov Shaul Eliashar (1817-1906)

-Jefe Rabino Sefardí de Jerusalem Rabino Moshe Danishevsky

-Gran Rabino de Slabodka Rabí David Friedman (1828-1917)

-Gran Rabino de Karlin El Rabino Yejiel Michel Epstein (1829-1908)

-Gran Rabino de Navahrudak. Autor, Aruj Ha Shuljan.

-Rabí Jaim Berlín (1832-1912)

-Gran Rabino de Moscú Rabino Mordejai Rosenblatt Veitzel (1836-1916)

-Gran Rabino de Ashmina. Rabí Itzjak Blazar (1837-1907)

-Gran Rabino de Petersburgo.

-El Rabino Yisrael Meir Kagan (1838-1933) el Jafetz Jaim de Radin

-Rabí Eliezer Gordon (1841-1910)

-Gran Rabino y Rosh Yeshivá de Telz- Lituania
Rabino Eliahu Dovid Rabinowitz- Teomim (1845-
1905)
–Gran Rabino de Mir Rabí Jaim Ozer Grodzinsky
(1863-1940)
- El famoso Dayan y el Posek de Vilna.

En las últimas décadas, la organización Rabí Meir
Baal Hanes Salant ha tenido el privilegio de recibir
los avales y cálido apoyo de muchas de las
autoridades rabínicas y líderes judíos del mundo.
Algunos de los más notables han sido:
Rabino Yaakov Kamenetsky (1891-1986)
Rabino Moshé Feinstein (1895-1986)
Rabí Itzjak Kaduri (1896-1986)
Rabino Yaakov Yisrael Kanievsky (1899-1985)
Rabí Elazar Simja Wasserman (1900-1992)
El Rabino Dovid Povarsky (1902-1999)
El Rabino Yejiel Michel Feinstein (1906-2003)
El Rabino Zalman Auerbaj Shloma
(1910-1995)
El Rabino Yosef Shalom Elyashiv (1910-2012) Rabí
Jaim Pinjas Scheinberg (1910-2012)
Rabí Jaim Shaul Karelitz (1912-2001)
El Rabino Michel Yehuda Lefkowitz
(1913-2011)
Rabino Avraham Yaakov Pam (1913-2001)
Rabí Moshé Shmuel Shapiro (1917-2006)
Rabí Shneur Kotler (1918-1982)

Rabí Shmuel Birnbaum (1920-2008)
El Rabino Mordejai Eliyahu Tzemaj
(1929-2010)
Rabí Meir Bransdorfer (1934-2009)
Rabí Ovadia Yosef (1920-2013) y Rabí Yehuda Leib
Aharon Shteinman

La organización Rabí Meir Baal Hanes Salant
también tiene el privilegio de tener los endosos
entusiastas de las autoridades rabínicas de Israel
actuales líderes y dirigentes de la Torá, algunos
actualmente con vida (hasta 120 años) como:
Rabí Jaim Kanievsky
Rabino Yaakov Meir Schejter
Rabí Itzjak Scheiner
Rabino Baruj Dov Povarsky
El Rabino Nissim Karelitz
Rabino Yaakov Hillel
El Rabino Gershon Edelstein
Rabí Refael Abujatzira
Rabino Moshe Shternbuj
Rabí Shmuel Auerbaj
Rabino Shalom Cohen

Si alguien quiere hacer alguna donación a esta
institución, la página web de ellos
es: **https://www.rabbimeirbaalhaneis.com/
history_salant.asp**

KUPA RABÍ MEIR BAAL HANES

Hace doscientos treinta años, Israel no se parecía a la palpitante mezcla de judíos que es hoy día. Como cuestión de hecho, no fue llamado Israel en absoluto. Gobernado por el imperio turco, la pequeña extensión de Tierra Santa había sido en gran parte desprovisto de su gente desde la destrucción del Segundo Templo en el año 70 de la era actual. Desde entonces, cientos de judíos e incluso gigantes de la Torá, como el Ramban (Rabí Moshé ben Najman desde 1194 hasta 1.270) habían intentado el arduo camino de cumplir el mandato bíblico de establecerse en la tierra, pero las pésimas condiciones de vida y la escasez de oportunidades económicas lo hacía casi imposible. En 1795, el Rabino Yaakov Shimshon Shpitovka, un jasid polaco acérrimo y discípulo del Maguid de Mezritch, se unió a la intrépida tarea de aprender la Torá en suelo sagrado. Se le confió el reto de encabezar el Colel Polin en Tiberias y asegurar que se satisfagan las necesidades físicas básicas de los miembros del Colel. Un pequeño contingente de seguidores viajó con él, al igual que dos Rabinos ilustres, el Rav de Zlatshiv y el Rabino Dov Yisasjar de Zalv. (Otro Colel, sirviendo principalmente de inmigrantes rusos, fue dirigido por R 'Mendel de Vitebsk y más tarde por R' Abraham Klasmer.) El Rabino Shpitovka rápidamente   se dio cuenta de que la única manera de mantener una presencia judía en la Tierra Santa sería contar con la ayuda de las comunidades judías de Polonia. En varias cartas históricas, describió tanto la riqueza espiritual como la indigencia material. La respuesta fue rápida y generosa. En 1796, los líderes europeos de la Torá fundaron "Kupa Rabí Meir Baal Hanes",

Los fundadores originales de esta organización fueron los discípulos principales del Rebe Elimelej de Lizhensk:

El Koznitzer Maguid

El Jozeh de Lublin

El Apter Rebe y

El Rabino Mordejai de Neshchiz

La grandeza de nuestros líderes radica en su visión impresionante; en la forma de mirar hacia fuera para el bienestar de sus hermanos a través de continentes y generaciones. Con una visión característica, estos cuatro grandes líderes aseguraron la continuidad de la vida judía en la Tierra Santa, un logro que sería muy bien apreciado más aún después del Holocausto.

La misión del Fondo era simple, sería el canal por el cual judíos en la diáspora podrían prestar asistencia a sus hermanos y hermanas que luchan en Eretz Israel.

Después de todo, aunque no todos los judíos puedan hacer aliyah la Tierra de Israel, el cual es una mitzvá y un mandamiento de la Torá, mediante el apoyo a los que sí lo hacen, tenemos una participación en su mitzvá.

Desde el gigante de la Torá al simple vendedor ambulante, judíos europeos comenzaron a contribuir a la Kupa Rabí Meir y junto con cada donación, enviaron un Kvitel, una petición de oración escrita. Los miembros del Colel oraban por ellos en el kever del Rabino Meir Baal Hanes, evocando su promesa de suplicar al Todopoderoso en nombre de cualquier persona en necesidad.

En 1812, se unió a Colel Polín, el Colel Vilna en la recaudación de fondos.

En 1809, tres grupos de discípulos del Gaón de Vilna habían llegado a la Tierra de Israel, y se formó un nuevo Colel, llamado Colel Vilna. Uno de sus líderes fue el Rav Israel Shklov (1770-1839). Ellos pasaron dos años recaudando fondos en Europa con el fin de establecer la Colel Vilna.

Debido a las dificultades inherentes a los viajes y el transporte de fondos, R 'Yisrael Shklov elaboró un arreglo creativo con Colel Polin. Los dos Colelim unirían sus arcas, y cuando los fondos llegaron a la Tierra Santa, se distribuirán por igual. Un registro muestra que entre 1838 y 1840, 41.000 rublos se obtuvieron de Europa para apoyar las actividades de los Colelim. Este arreglo funcionó bien hasta 1848. Luego, a instancias de los tres hermanos de la familia rabínica Levi, volvieron a sus colecciones separadas. ¡Vamos a hacer que Jerusalem sea habitable otra vez! Con fondos de ambos Colelim, se estaban canalizando hacia la reconstrucción de la infraestructura de Jerusalem. La ciudad de oro pronto comenzó a verse mejor de lo que se veía desde la destrucción del Segundo Templo. Nuevos muros de piedra de Jerusalem, sinagogas, mikvaot, hospitales y hogares comenzaron a construirse o reconstruirse. Bajo el liderazgo de prominentes expatriados polacos, como David Yelin (1803-1863) que llegaron en 1834, el número de judíos polacos llegó a 500 en 1840. Comunidades enteras evolucionado, y más judíos europeos fueron atraídos a unírseles. Ya en 1833, los periódicos polacos, como el 'Kurier Warszawski' informaba sobre masas de judíos en busca de medios para trasladarse a su Tierra Santa.

Periódicos polacos informan que cuando 900 judíos polacos pidieron permiso para emigrar en 1840, el Zar de Rusia (que controlaba Polonia en ese momento) pero se les negó. Aunque no había mucho que se pudiera hacer en ese momento, el anhelo de una verdadera vida de los judíos en Tierra Santa sólo se intensificó. En 1850, la noticia de que el Rabino Moshe de Lelov (desde 1.776 hasta 1.850) se movía a Eretz Israel encendió chispas de interés a través de los shtetls de Polonia y Rusia (pequeñas comunidades de Europa Oriental compuesta de familias judías).. Él planeaba mudarse con su familia en la primera oportunidad. Varios de sus mejores talmidim le acompañaron y al final del viaje, recibió una cálida bienvenida. Trágicamente, poco después, el Rabino Moshé falleció. Aunque sus días en la Tierra Santa fueron pocos, tuvo el mérito de ser enterrado en Eretz Israel.

En 1866, 'Halevanon,' el periódico judío en Eretz Israel anunció con orgullo la presencia de más de 3.000 inmigrantes judíos polacos y rusos. El Rabino Meir Auerbaj (1815-1878) había dejado su puesto de honor como el Rabino de Kalish, Polonia y se dirigió a Israel para dirigir el Colel Polin en 1859.

Poco después de su llegada, él compró un complejo de edificios en el casco antiguo para albergar a los inmigrantes polacos. También fue una figura clave en la creación del hospital Bikur Jolim, ¡todavía en uso hoy día!

Trabajó junto Rabí Shmuel Salant (1816-1909), el jefe del Colel Vilna y juntos compraron grandes parcelas de tierra, para construir hermosas ciudades y alentar más a sus compañeros judíos de venir y establecerse en la Tierra Santa.

Rabí Meir Auerbaj orquestó el desarrollo de Petah Tikva, una bonita zona residencial en las afueras de Tel Aviv. Se dio a conocer como "Eim Ha Moshavot," la madre de todos los asentamientos futuros, por el magnífico precedente que establece. Rabí Shmuel Salant quedó tan impresionado con el Rabino recién llegado de Polonia, que lo nombró el Gran Rabino de los askenazíes.

"Las Pushkas (alcancías) no son suficientes"! El Rabino Jaim Elazar Wachs (1822-1889) quien había tomado la posición del Rabino Meir Auerbaj en Kalish, siguió trabajando en conjunto para beneficiar al Colel. Él estaba convencido de que el éxito de Israel no debía depender de las colecciones. El futuro del crecimiento judío estaba en ser autosuficiente. Él viajó a Tierra Santa en varias ocasiones para poner en práctica sus ideas. En 1875, tenía 600 árboles plantados de etrogim (etrog). En 1883, más de 40.000 etrogim fueron exportados, se crearon cientos de puestos de trabajo y ganaron una suma respetable para Kupa Rabí Meir. ¡El proyecto etrogim sigue dando sus frutos aún hoy en día!

En 1870, los líderes de Colel Polin y Colel Vilna, casi lograron comprar una gran parte de la Tierra Santa del gobierno de los turcos. En una oportunidad, el gobierno turco ofreció vender una gran parcela de tierra que se habían apoderado de los agricultores árabes en una disputa de impuestos, cuyo terreno se extendió por 4.000 dunam, que abarca desde Jericó hasta el Mar Muerto. Ser propietario de esta tierra proporciona mucho más que viviendas, representaría un enorme potencial para la agricultura y la extracción de minerales.

El Rabino Meir Auerbaj inmediatamente contactó a su homólogo europeo, el Rabino Jaim Elazar Wachs, quien a su vez se acercó a varios activistas. Europeos que seguramente estarían interesados; ellos fueron: Sir Moses Monte Fiore, el Rabino Leibel Kushmark y el Rabino Natan Adler.

El Rabino Leibel Kushmark, el judío polaco más rico en el momento acumuló rápidamente los 100.000 rublos necesarios para la compra de terrenos y equipos, y después de muchas negociaciones, se firmó el acuerdo.

El papeleo fue debidamente enviado a Estambul para su aprobación, pero, cuando todo el mundo estaba seguro de que era un hecho, se vino abajo. El sultán sólo tenía que echar un vistazo a los periódicos para ver que el comprador era un ciudadano ruso y con Turquía y Rusia en desacuerdo, no iba a tragar eso. Sin dudarlo un instante, él compró la propiedad para sí mismo y la oportunidad se evaporó.

El Rabino Meir Auerbaj instruyó a sus seguidores a hacer lo que fuera posible para continuar la construcción de Jerusalem y se centraron en proyectos sólidos con beneficios claros e inmediatos.

El Rabino Jaim Elazar Wachs continuó, donde el Rabino Meir Auerbaj se había detenido.

En 1875, compró Kfar Hittin, un pequeño pueblo agrícola, de los árabes locales.

Los nuevos inmigrantes podrían establecerse allí e inmediatamente iniciar la agricultura para mantener a sus familias.

En 1886, organizó la adquisición de una serie de viviendas en el barrio árabe, conocido como Bāb al Huta. Esa área es parte del casco antiguo de la ciudad de Jerusalem. También en 1886, el Rabino Wachs fundó la Yeshivá Jayei Olam para niños en la Ciudad Vieja. La yeshivá se ha movido desde entonces, pero se ha mantenido firme en su misión sagrada de educar a generaciones de chicos jóvenes.

En 1894, Batei Varsovia, (el famoso barrio hoy día Mea Shearim) fue construido desde cero para dar cabida a cientos de familias de Jerusalem.

Trabajando mano a mano con el Agudat Israel, se trató activamente de fortalecer la presencia judía en la Tierra Santa.

El Rabino Yaakov Meir Biderman (1870-1941), líder de Colel Polin en ese momento, ayudó a concretar los planes. Con el Agudat involucrado, las donaciones anuales crecieron a $100.000, una suma muy significativa para ese momento.

Con el estallido de la Segunda Guerra Mundial, las actividades de Kupa Rabí Meir fueron repentinamente infundidas con una urgencia sin precedentes. En retrospectiva, quedó claro que todos los esfuerzos del siglo pasado habían sentado las bases para proporcionar un hogar a decenas de miles de refugiados de guerra.

Judíos devastados que huyeron de la animosidad repentina de sus vecinos europeos o el horno del Holocausto, habían encontrado ahora consuelo entre sus hermanos.

El Rabino Yaakov Janoj Sankovitz (1895-1957), director de Colel Polín para finales de 1940, se acredita con la apertura de oficinas Kupa Rabí Meir en todo el mundo. Ahora judíos en diferentes partes del mundo podrían unirse a los esfuerzos para apoyar a sus hermanos y hermanas en Israel y beneficiarse de la bendición eterna del Rabino Meir.

Para 1966, las contribuciones anuales de los generosos judíos en todo el mundo ascendieron a 584,00 Lirot. En Elul de 1967, el periódico del 'Yarjon Beit Yaakov' informó de una impresionante lista de logros de Kupa Rabí Meir:

-700 familias numerosas pobres reciben asistencia discreta

-300 familias o individuos que enfrentan dificultades reciben apoyo constante

-285 familias reciben estipendios de vacaciones

La iniciación de programas especiales para diversos fines, tales como necesidades médicas, ayudando kalas (novias) y nuevas madres.

El establecimiento de una nueva clínica médica y de laboratorio, que ofrece servicios gratuitos.

Un fondo de préstamos sin intereses prestó más de 450.000 Lirot a familias necesitadas. En 1972, los activistas de Kupa Rabí Meir tenían suficiente experiencia e influencia para llevar a cabo un extenso proyecto de viviendas en Jerusalem. La construcción de Ramot Polin creando 720 nuevos apartamentos soleados en la famosa arquitectura 'egg box'.

Muchos de estos programas siguen prosperando, a pesar de todos los altibajos en la economía global. Si desea ayudar a nuestros hermanos en Eretz Israel, esta es la página web de ellos: http://kupathrabbimeir.org/t-about.aspx

Y otras organizaciones caritativas:

http://rabbimeirbaalhaneis.com/
http://www.rebmeirbaalhanes.net/
http://kshauction.org/about.aspx
Y la Yeshivá Meir Bat Ayin (la sefaradíes)
1-800-800.991
PO Box 230. Tiberias, 14101. Israel (tel:
04-6724228).

DECLARACIÓN DE LOS GEDOLIM (LOS GRANDES SABIOS). 2007

A nuestros queridos hermanos, perseguidores de Tzedaká y Jesed: el fondo de renombre, Kupa R 'Meir Baal Hanes - Colel Polin, establecida hace más de un siglo por Gedolei Hador, es un centro de asistencia y apoyo a los más necesitados de Eretz Israel, realizado de manera discreta y honorable.

Su trabajo consiste en salvar y ayudar a miles de personas, incluyendo Talmidei jajamim, las familias numerosas, las viudas y los huérfanos. El fondo les proporciona la ayuda financiera antes de los Yamim Tobim, así como durante todo el año, además de la asistencia después del parto, Hajnasat Kala y asistencia médica.

Por lo tanto, pedimos que todos y cada uno ofrezca una donación a Kupa R 'Meir Baal Hanes y tome parte en el maravilloso Zejut (honor) de apoyar a las personas que viven en Eretz Israel. Ahora es especialmente importante, en vista de los recortes drásticos en los créditos por hijos y el aumento de los precios. Nos dirigimos a usted, ajeinu Israel bnei rajmonim, (pueblo judío compasivo) para acudir en ayuda de sus hermanos, para apelar a su compasión y llegar a los necesitados entre nosotros con la generosidad y la buena voluntad. Amablemente ofrezcan su apoyo a los administradores de la organización altruista, que dan de sí mismos día y noche en esta noble causa. Por el zejut de tzedaká, que Hashem les conceda beraja, hatzlaja y parnasa, y una vida larga y saludable. Que todos los méritos para participar en la redención de Sión y Jerusalem sea pronto en nuestros días.

-Rav Elyashiv
-Rav Wosner
-Rav Shteinman
-Rav Jaim Kanievski,
-Rav Shmuel Auerbaj
-Admorim De Modzitz, Belz, Lelov y Alexander

קול נהי מציון

DATOS HISTÓRICOS DE IMPORTANCIA

El gráfico anterior, es una síntesis cronológica de 2200 años de historia, donde las grandes luminarias de Israel interpretaron y recopilaron todas las leyes judías de la Torá oral.

Los Zugot:

Este nombre fue dado a los sucesivos "pares" de Rabinos que fueron guías en la interpretación de la Ley en su generación. De acuerdo a la tradición, uno era el presidente (Nasí) del Sanedrín, y el otro el vicepresidente o "Padre de la corte" (av beit din). Fueron 5 pares de generaciones sucesivas de Rabinos que guiaron al pueblo judío en la época del Segundo Templo (515 BCE – 70 CE).

1. José ben Joezer y José ben Johananen durante las guerras macabeas.
2. Joshua ben Perajyah y Nitai de Arbela durante el reinado de Iojanan Hircano
3. Yehuda ben Tabai y Simeon ben Shetaj durante el reinado de Alejandro Jananeo
4. Sh'maya y Abtalion durante el reinado de Hircano II
5. Hillel y Shamai durante el reinado de Herodes el Grande.

 Los Tanaim:

Sabios rabínicos cuyas opiniones son recopiladas en la Mishna. Duró del año 10 al 210 de la era actual. Los Tanaim más importantes fueron miembros de la Gran Asamblea (Sanedrín), el máximo tribunal, organismo creado desde la vuelta de Babilonia. El Nasí, (plural Nesiim), traducido como príncipe o presidente, era el miembro más prominente y el que presidía el Sanedrín. Rabán es un título mayor que Rabí, y le fue dado al Nasí desde Rabán Gamliel (Gamliel el anciano).
Lista de los Nesiim (presidentes del Sanedrín):

• Hillel
• Rabán Gamliel HaZaken (Gamliel el anciano)
• Rabán Shimon ben Hillel
• Rabán Shimon ben Gamliel
• Rabán Yojanan ben Zakai
• Rabán Gamliel de Yavne
• Rabí Eleazar ben Azariah
• Rabán Shimon ben Gamliel de Yavne
• Rabí Yehuda Ha-Nasi (conocido como Rabí o Rebí); Compilador de la Mishna

Las generaciones de los Tanaim Antes de la destrucción el Segundo Templo:

- Hilel
- Shamai
- Rabán Gamliel
- Elisha ben Abuya

La generación de la destrucción

- Rabán Shimon ben Gamliel
- Rabán Yojanan ben Zakai
- Rabí Yehuda ben Baba
-

Entre la destrucción y la revuelta de Bar Kojba

- Rabí Yoshua ben Hanania
- Rabí Eliezer ben Harcanos
- Rabán Gamliel II de Yavne
- Rabí Eleazar ben Araj

La generación de la revuelta de Bar Kojba
- Rabí Akiva
- Rabí Tarfon
- Rabí Ishmael ben Elisha
- Rabí Eleazar ben Azariah
- Rabí Yosei ben Halafta
- Rabí Yehuda ben Ilai
- Rabí Hiya
- Rabí Yehuda Ha-Nasi (conocido como Rabí o Rebí); Compilador de la Mishna

Después de la revuelta

- Raban Shimon ben Gamliel de Yavne
- Rabí Meir Baal Hanes
- Rabí Shimon bar Yojai, autor del Zohar
- Rabí Yosei ben Halafta
- Rabí Yehuda ben Ilai
-

Compiladores
- Rabí Yosei
- Rabí Yishmael
- Rabí Shimon
- Rabí Nathan
- Rabí Hiya y • Rabí Yehuda Ha-Nasi

Los Amoraim:

Los sabios judíos que comentaron y transmitieron las enseñanzas de la Torá Oral (Torá she Baal pé) tomando como base la Mishna que están compilados en la Guemará. El período de los Amoraim tradicionalmente se divide en 7 generaciones para su estudio.

Primera Generación (aprox. 220–250 EC)

• Abba Arika, fue el último Taná, y el primer Amorá.

- Shmuel discípulo de Yehudá Ha-Nasí y otros.
- Joshua ben Levi, cabeza de la escuela de Los.

Segunda Generación (aprox. 250–290 CE)
- Rav Huna director de la Academia de Sura.
- Rav Yehuda director de la Academia de Pumbedita.
- Ada bar Ajava, discípulo de Abba Arika.
- Hilel, hijo de Gamliel III, discípulo y nieto de Yehuda Ha-Nasí, y hermano menor de Yehuda II
- Yehuda II, discípulo y nieto de Yehudá ha-Nasí, hijo y sucesor de Gamliel III como Nasí.
- Resh Lakish, discípulo de Rabí Yanai y otros, y colega de Rabí Yojanan.
- Yojanan bar Nafja discípulo de Yehuda ha-Nasi y Rabí Yanai. Director de la Academia de Tiberias. Autor principal del Talmud de Jerusalem.
- Samuel ben Najman
- Shila de Kefar Tamarta
- Isaac Napaja

Tercera generación (aprox. 290–320 EC)
- Raba, discípulo de Rav Huna y Rav Yehuda. Director de la Academia de Pumbedita.
- Rav Yosef, discípulo de Rav Huna y Rav Yehuda. Director de la Academia de Pumbedita.
- Rav Ze'era

- Rav Gisda, discípulo de Rav, Shmuel, y Rav Huna. Director de la Academia de Sura.
- Simon (Shimeon) ben Pazzi
- Rav Sheshet
- Rav Najman bar Yaakov, discípulo de Rav, Shmuel, y Raba bar Abuha.
- Rabí Abahu, discípulo de Iojanan bar Napaja. Director de la Academia de Cesárea.
- Hamnuna - Varios Rabinos en el Talmud comparten este nombre, el más conocido es un discípulo de Shmuel.
- Yehuda III, discípulo de Jojanan bar Napaja. Hijo y sucesor de Gamliel IV como Nasí, y nieto de Yehuda II.
- Rav Ami
- Rav Así
- Hanina ben Papa
- Raba bar R'Huna
- Rami bar Hama

Cuarta generación (aprox. 320–350 EC)

- Abaye, discípulo de Raba, Rav Yosef y Rav Najman bar Yaakov, director de la Academia de Pumbedita.
- Rav, discípulo de Raba, Rav Yosef y Rav Najman bar Yaakov, director de la Academia de Mehuza.

- Hilel II (fl. c. 360). Creador del actual calendario hebreo. Hijo y sucesor (como Nasí) de Yehuda Nesiá, nieto de Gamliel IV.

Quinta generación (aprox. 350–371 EC)

- Rav Najman bar Itzjak, discípulo de Abaye y Ravá. Director de la Academia de Pumbedita.
- Rav Papa, discípulo de Abaye y Ravá.
Director de la Academia de Naresh.
- Rav Hama
- Rav Huna berai Rab Yehoshua

•Sexta generación (aprox. 371–427 EC)

- Rav Ashi, discípulo de Abaye, Ravá, y Rav Kahana. Director de la Academia en Mata Mehasia. Principal redactor del Talmud de Babilonia.
- Ravina I, discípulo de Abaye y Rava. Colega de Rav Ashi en la Academia de Mata Mehasia, donde participó en la redacción del Talmud de Babilonia.

Séptima generación (aprox. 427–500 EC)
- Ravina II (f. 500), discípulo de Ravina I y Rav Ashi, y sobrino del primero.
Director de la Academia de Sura. Completó la redacción del Talmud de Babilonia.

Los Savoraim:

Son los sabios judíos llamados Rabeinu Sevorai o Rabanan Saborai, que vivieron desde el fin del período de los Amoraim, alrededor del año 500 EC, hasta el principio de los Geonim, alrededor del año 625 EC. y pudieron haber jugado un rol importante en dar al Talmud su actual estructura. Algunos de los Savoraim:

- Rafram
- Rav Sama B'rei d'Rava
- Rav Yosi
- Rav Simonia
- Rav Ravoi Me-Rov
- Mar Chanan Me-Ashkaya
- Rav Mari

Los Gaonim:

Fueron los presidentes de las dos grandes academias judías en Babilonia, Sura y Pumbedita, y eran generalmente aceptados como líderes espirituales de la comunidad judía en todo el mundo durante la Temprana Edad Media, en contraste con el exilarca (Rosh Galuta o cabeza de exilio), que era la autoridad secular reconocida por la autoridad dominante en Babilonia. El período de los Gaonim en Babilonia se extiende entre el año 589 y el 1038, luego del período de los Savoraim. El título de Gaón propiamente designa el oficio de director de la academia, el Gaón oficiaba como juez supremo. Gaonim destacados

- Ajai Gaón
- Amram Gaón
- Dodai ben Najman
- Jai Gaón
- Saadia Gaón
- Sherira Gaón
- Jananel Ben Jushiel (Rabeinu Jananel) y
- Nissim Gaón de Kairouan.

Los Rishonim:

Los Rishonim, "los primeros", fueron los Rabinos principales y los Poskim (referentes) que vivieron aproximadamente entre el año 1050 y el 1500. La época de los Rishonim es la época de los codificadores, el crecimiento del cuerpo normativo durante la época talmúdica. Los Gaonim habían llevado a una complejidad tal, que hizo necesaria una nueva codificación, como lo había sido en su momento la Mishna. El mayor codificador fue el

Rambam, Maimónides, en su trabajo Mishné Torá, base del Shulján Aruj 400 años después.
También pertenece a esta época el desarrollo de la Cábala, como cuerpo místico, y el enfrentamiento entre las corrientes racionalistas, basadas en el Rambam, y las visiones místicas, con los cabalistas como representantes.

Algunos Rishonim

- Abba Mari, (Minjat Kenaot)
- Isaac Abravanel, (Abarbanel)
- Abraham ibn Ezra, (Even Ezra)
- Asher ben Jehiel, (Rosh)
- Rabeinu Gershom
- Isaac Alfasi, (Rif)
- Maimonides, Moshe Ben Maimon, (Rambam)
- Najmánides, Moshe ben Najman,
- Rashi, (Salomon ben Yitzchak)
- Tosafistas, (Tosafot)
- Yehuda Jalevi, (Kuzari)
- Menajem Meiri, (Meiri),
- Yom Tov Asevilli, (Ritva),
- Salomon ben Aderet, (Rashba)
- Rabeinu Tam

Los Ajaronim

"Los últimos", fueron los Rabinos principales y los Poskim (referentes) que vivieron entre el año 1500 y el 2000.

La distinción entre Rishonim y Ajaronim es fundamentalmente temporal, desde la visión de la Halajá (ley tradicional judía) la distinción es también importante. De acuerdo a la visión ortodoxa, los Ajaronim no pueden disputar las reglas fijadas por los Rabinos de épocas anteriores a menos que encuentren fundamento en sabios de dichas eras. Desde otros puntos de vista, como las corrientes reformistas y conservadoras del judaísmo, e inclusive algunos Rabinos ortodoxos, esta visión no es parte formal de la Halajá, y hasta puede ser vista como una violación del sistema helénico.

Algunos de los Ajaronim:
* Bezalel Ashkenazi, (Sita Mekubetzet),
* Naftali Zvi Yehuda Berlin, (Netziv; Ha'emek Davar)
* Moses ben Jacob Cordovero, (RamaK)
* Dov Ber de Mezeritch, (El Maguid)
* Eliyahu ben Shlomo Zalman, (Gra, Gaón de Vilna)
* Moshe Iserles, (Rema)
* Israel Meir Kegan, (Jofetz Jaim)
* Yosef Caro, Autor del Shuljan Aruj
* Abraham Isaac Kook

- Yehuda Loew ben Bezalel, (Maharal)
- Isaac Luria, (Ari)
- Salomon Luria, (Majarshal)
- Moshe Jaim Luzato, (Ramjal)
- Natán de Breslav

L E G A D O

D E

S A B I O S

CONSEJOS

Rabí Meir es mencionado muchas veces en la Mishna y en la Guemará. Su nombre es mencionado en cada Masejet con excepción del tratado de Rosh Hashaná, Jagiga, Tamid, Kinim y Zovim. Solo en el Majeset Kilayim, aparecen 29 cuotas de Rabí Meir. Todas juntas suman 335 leyes que se le atribuyen a Rabí Meir. Cualquier otra mención anónima, es igualmente atribuida a Rabí Meir.

De entre los incontables consejos y sabiduría que nos dejó Rabí Meir, debemos destacar lo siguiente:

- Rabí Meir, nos enseñó, que en Shabat, Parashat Itró, cuando leemos los 10 mandamientos, escuchamos de nuestros Rabinos decir: Hashem pidió garantes de la Torá al pueblo judío para entregarles ese precioso regalo "La sagrada Torá". Los judíos respondieron, Señor del Universo, nuestros padres Abraham, Isaac y Yaakov, más todos los profetas de Israel, serán nuestros garantes. Hashem no aceptó porque ellos a la vez, necesitan garantes. Entonces los judíos aclamaron: Nuestros niños serán los garantes de la sagrada Torá y Hashem aceptó gustosamente, porque sabía que los niños pueden ser los mejores garantes del estudio y cumplimiento de las mitzvots de la Torá. De ahí aprendemos la importancia de asegurarnos de dar una buena educación judía a nuestros hijos, apoyar económicamente a todas las yeshivas y casa de estudios.

-No juzgues al libro por su cobertura. Un nuevo recipiente puede estar lleno de viejos contenidos y un viejo recipiente, puede estar vacío de nuevos contenidos.

-Así como la luz tiene ventajas sobre la oscuridad, las palabras de Torá tienen ventajas sobre cosas absurdas.

-Una persona que casa a su hija con un ignorante de la Torá, es como si la está obligando a acostarse con un león. Así como el león caza y come sin vergüenza, un ignorante puede golpear a su mujer sin vergüenza.

-¿Qué tiene de especial el color azul? ¡que Hashem lo designó para los tzitzit! El azul recuerda el océano, el océano recuerda el cielo, el cielo recuerda el zafiro y el zafiro recuerda el trono de gloria celestial.

-Cuando una persona hace una mitzvá, Di-s le asigna un ángel, si hace dos mitzvots, dos ángeles, y mientras más mitzvots haga, más ángeles le asigna para su protección.

-Para todos aquellos que viven en la Tierra de Israel, y recitan el Shemá Israel dos veces por día, en la mañana y noche y hablan la lengua santa, Di-s les prometió un espacio en Olam Habá.

-Cualquier calumnia que en su principio no está basada en la verdad, no llegará al final.

-Una persona siempre debe minimizar sus palabras, cuando se dirija al creador bendito sea él.

-Tres cosas distinguen a las personas entre sí: Su voz, su apariencia y sus conocimientos.

-Cuando hay paz entre el esposo y su mujer, la presencia divina reposa en ellos, así lo vemos de las letras Yud (de Ish: Hombre) se combina con la Hei (de Ishá: Mujer) para formar el nombre de Di-s. En cambio, si no está Di-s entre ellos, estas letras del medio se van y las restantes que quedan, Alef y Shin, forman la palabra "Esh" que es fuego y los consume.

-Si una persona da una caridad a un pobre para que se compre una bata, no puede comprarse unos tzitzit, y si le da dinero para que se compre unos tzitzit, no puede comprarse una bata, porque es prohibido contrariar la voluntad del donante.

-Rabí Meir solía rezar esto diariamente: Conoce mis caminos con todo tu corazón, y esfuérzate en las puertas de mi Torá. Mantén mi Torá en tu corazón, mantén el temor ante tus ojos. Preserva tu boca de todo pecado, purifica y santifícate de toda culpa y todo pecado y yo estaré a donde tú estés.

-Un eclipse es una mala señal para Israel, cada plaga que afecta al mundo, afecta también a Israel. Pero cuando Israel sigue el camino de Di-s, no tiene nada de qué preocuparse.

-A la Tierra de Israel no le falta nada.

-Disminuye tus ocupaciones y dedícate a la Torá; sé humilde ante toda persona; si has sido negligente con la Torá tienes mucha negligencia delante tuyo; y si te has esforzado en la Torá hay mucha recompensa para ti".

-El nombre de la persona contiene la esencia de su ser, por tanto, podía identificar y juzgar a la persona con tan solo oír su nombre.

-Rabí Meir decía que cuando una persona se arrepiente de sus pecados y regresa al camino de la Torá, trae perdón para él y para todo el mundo.

-Un niño pequeño merece ganar su porción en el mundo por venir (Olam Habá) cuando comienza a decir Amén.

-Al igual que su maestro Rabí Akiva, siempre decía que todo lo que Di-s hace es por bien.

- Rabí Meir tenía la capacidad de purificar a una alimaña con 150 razonamientos y fue igualmente capaz, con su brillante y profunda nitidez, de dar muchos razonamientos para purificar lo impuro e impurificar lo puro. Cuando los estudiantes le preguntaban un tema, a menudo les daba numerosos argumentos de ambas partes, para perfeccionar y poner a prueba sus estudiantes. Con ello enseñaba al mundo judío, que la Torá es infinita y si uno se concentra y encierra en un punto, es fácil que te lo debatan y uno pueda quedar sin fundamento, causando que el creyente pierda su fe. Por ello podía dar la misma cantidad de argumentos para fundamentar una enseñanza como para rebatirla. Y fue precisamente por esta razón que la Halajá a menudo falló contra el Rabino Meir, ya que los sabios no pudieron alcanzar plenamente la profundidad de su sabiduría y diferenciar lo que era su verdadera opinión. Dicen los sabios que cuando Mashíaj venga, estaremos en capacidad de entender la sabiduría de Rabí Meir y por tanto la halajá será aplicada conforme a sus enseñanzas. Solo en los casos en que el Rabino

Meir creó decretos para fortalecer la vigente Halajá (ley) fue aceptada así.

-Adam fue hecho de tierra recolectada de todas partes del mundo.

-Todo el que se dedica a la Torá por la Torá en sí, es meritorio a muchas cosas y no sólo eso, sino que se merece todo el mundo; él es llamado amigo, amado, quien ama a Di-s, quien ama a los creados, quien alegra a Di-s, quien alegra a los creados. (La Torá) lo reviste de humildad y veneración y le posibilita ser justo, piadoso, recto y fiel. (La Torá) lo aleja del pecado y lo acerca a los méritos. Y (las personas) se benefician de él mediante su consejo e ingenio, su inteligencia y su fortaleza, como está escrito: 'Yo (dice la Torá) tengo el consejo, el ingenio; Yo soy la inteligencia y la fortaleza'. (La Torá) le brinda el reinado, el gobierno y el entendimiento de la ley. Los secretos de la Torá le son revelados y se convierte en un manantial que fluye en un río que no deja de brotar y correr.

-¿Quién es rico? Aquel que disfruta lo que tiene.

-El recatado, el paciente y el que perdona a quien lo avergüenza, (la Torá) lo engrandece y lo eleva por sobre todas las cosas".

"SEGUN RABÍ MEIR"

-En la ciudad de Praga se acostumbraba que cuando un Rabino estaba por pasar a mejor vida, llamaba a los dirigentes de la comunidad y le aconsejaba a quien tomar como nuevo Rabino. Cuando el anterior Rabino al Nodá Biiehudá estaba muy enfermo, los dirigentes le preguntaron a quién debían elegir en su lugar y el Rabino respondió: "Según Rabí Meir" … más que ello no dijo, cerró sus ojos y falleció. Los dirigentes quedaron anonadados puesto que no sabían a qué se refería, y después de muchos conciliábulos, resolvieron que aquél que descifrara las palabras del fallecido, sería nominado Rabino. Uno de los candidatos era el "Nodá Biiehudá" que era Rabino en otra ciudad y cuando se presentó ante los directivos de la Comunidad y le preguntaron respecto a lo que se refería el Rabino antes de morir, el Sabio contestó de inmediato: -El Talmud dice que "la mayoría de los que agonizan, mueren", pero Rabí Meir sostenía que hay que tomar en cuenta, que un pequeño número de los que agonizan, quedan vivos. A eso se refería el fallecido Rabino, cuando le preguntaron quién habría de sucederle, respondió: "según Rabí Meir", quizás habría que tomar en cuenta lo que dice el famoso Sabio del Talmud que un agonizante puede seguir viviendo y no hace falta buscar otro Rabino. Obviamente que los dirigentes quedaron maravillados con esta respuesta y de inmediato lo eligieron nuevo Rabino.

Estimado pueblo de Israel, sigamos los sabios consejos que nos legó nuestro queridísimo, justo y respetado sabio Rabí Meir Baal Hanes, seamos ricos, disfrutando lo que tenemos, pues todo es un regalo de Hashem y todo lo que él hace es por bien, amemos y cuidemos su bendita Torá, amemos y protejamos la Tierra de Israel, a nuestros hermanos judíos, apoyemos económicamente el estudio de la Torá, ofrezcamos la mejor educación religiosa a nuestros niños para que garanticen el cumplimiento de la Torá y la preservación del pueblo judío, tal y como lo prometimos 3000 años atrás, en Har Sinaí, al Creador, y roguemos juntos para que pronto llegue Mashíaj, seamos redimidos y nos sentemos juntos a estudiar Torá con todas las luminarias de Israel, que, al igual que Rabí Meir Baal Hanes, el hacedor de milagros, regresarán a este mundo, para iluminarnos con su luz infinita, santa y bendita.

Made in the USA
Middletown, DE
20 June 2023

32937894R00136